哦，他们是这样的 （第三册）

探秘课文作者的故事与手迹

陈渡风 编著

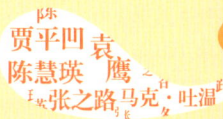

时光里

湖南文艺出版社
HUNAN LITERATURE AND ART PUBLISHING HOUSE

图书在版编目（CIP）数据

哦，他们是这样的：探秘课文作者的故事与手迹.
第三册 / 陈渡风编著. -- 长沙：湖南文艺出版社，
2023.1（2024.3 重印）
　　ISBN 978-7-5726-0950-3

　　Ⅰ. ①哦… Ⅱ. ①陈… Ⅲ. ①阅读课—小学—教学参
考资料 Ⅳ. ① G624.233

中国版本图书馆 CIP 数据核字（2022）第 222306 号

哦，他们是这样的：探秘课文作者的故事与手迹. 第三册
O, TAMEN SHI ZHEYANG DE : TANMI KEWEN ZUOZHE DE GUSHI YU SHOUJI DI-SANCE

编　　著：陈渡风
出 版 人：陈新文
责任编辑：唐　明　张　璐
装帧设计：进　子　蒋　莹　严　萍
内文排版：传城文化
出　　版：湖南文艺出版社
　　　　　（长沙市雨花区东二环一段 508 号　邮编：410014）
发　　行：新华书店
印　　刷：长沙市雅高彩印有限公司
开　　本：787mm×1092mm　1/16
印　　张：9
字　　数：80 千字
版　　次：2023 年 1 月第 1 版
印　　次：2023 年 1 月第 1 次印刷　2024 年 3 月第 3 次印刷
书　　号：ISBN 978-7-5726-0950-3
定　　价：39.80 元
网　　址：http：// www.hnwy.net

若有质量问题，请直接与本社出版科联系（0731-85983029）

特别推荐

当今世界正经历百年未有之大变局，青少年成长环境也迎来了深刻的变化。陈渡风用课文作者的故事与手迹吸引同学们爱上语文、爱上阅读。这种潜移默化的培根铸魂、启智增慧的方式，对青少年世界观、人生观、价值观的形成作用巨大。

科学家、教育家、北京大学原校长　**陈佳洱**

学习课文，进而了解其作者，一定会起到相得益彰事半功倍的效果。这套丛书讲述课文作者的故事，或幽默风趣，或奋发励志，或耐人寻味，值得反复品读。而配合每个故事附上的作者手迹，更是拉近了读者与作者的距离。所谓"字如其人、书如其人"，透过这一件件手迹，读者可以想见作者的神貌，于是每个故事、每篇课文也仿佛更加有血有肉了。

作家、收藏家陈渡风先生，将他日积月累的收藏和思考都融入此书，希望通过故事和手迹激发同学们学习语文的兴趣，进而培养同学们的思考力、想象力和探究精神，这是非常值得肯定的尝试。

清华大学教授、清华大学艺术博物馆常务副馆长　**杜鹏飞**

信里乾坤大，笔底风云长，这就是手写书信的魅力，尤其是作家的书信，每个字都值得品味。感谢陈渡风先生，拿出自己的珍藏跟我们分享，这套书里荟萃了数十位作家的书信、手稿、题词等，一册在手，仿佛欣赏一个展览，与名人面对面，与前辈对话，尺翰传情，墨香悠远。手迹背后，是一段段妙趣横生的故事，徜徉其中，令人流连忘返。

中国人民大学家书博物馆研究馆员、副馆长　**张　丁**

陈渡风，一个从湖南农村冲出来的孩子，他凭着自己的努力，实现了自己的梦想，成了家，也在北京买了房。同时，他把有限的金钱和有限的业余时间，都倾注在他喜欢的名人手迹上，出版了这套令人震惊的书，他还打算建博物馆。他把爱好玩成了事业，他的成长经历就是一个非常励志的故事。

中国传媒大学资深教授、中国广告博物馆馆长　**黄升民**

触摸伟大的灵魂

朱永新

当我们翻开语文教材，面对一篇篇文笔优美、意蕴深远的课文，诵读着那一行行闪烁着思想光芒的文字，我们都会遐想：这是谁写的呢？这写作的人有什么故事呢？如果我能认识他，和他交上朋友，该有多好！

现在，他们来了，你在课文里认识的梁启超、郭沫若、茅盾、丰子恺、巴金、老舍、冰心、沈从文、汪曾祺、叶圣陶、华罗庚、吴冠中、梁晓声、铁凝、雨果、泰戈尔、安徒生、托尔斯泰……他们排着队出现在丛书"哦，他们是这样的——探秘课文作者的故事与手迹"里。这是一套小学语文的延伸读本，就像一个好大好大的朋友圈，"圈中"的人来自不同年代、不同国家、不同领域，但他们的名字都如雷贯耳。在这里，你可以轻松地与课文里的作者相遇，随他们走进课文描述的那个年代，倾听他们的故事，并从他们身上得到真、善、美的熏陶。

这套丛书里的故事，真实、生动，读后让人流连忘返。每个故事后面，还附有一份故事主人公的手迹。那一封封书信、一份份题词，展示了课文作者们的日常生活、审美情趣及人际关系……你们可以像翻看"朋友圈"一样反复阅读、摸索和探寻这些充满亲情、友情、柔情、热情的文字。"一张纸片一世界，一言一语见真情"，这些穿越时空的字迹，这些带着温度的信息，会让你们充满兴趣，而兴趣则是最好的老师，它能激发阅读和写作的热情。

我相信，小读者们在探秘课文作者的故事与手迹的过程中，会有奇妙的体验。当你读完这套书，会对这个世界充满想象和期待，会有所感悟：哦，他们是这样的，长大后，我也要成为他们这样的人。

读到这里，可能有读者会问，这些手迹是真的吗？它们是怎么得来的？告诉你一个秘密，这是陈渡风先生花了二十多年时间从国内外的文物拍卖会及名家后人处所得，也有一些是朋友和课文作者赠送的。这些手迹都经过了权威的鉴定，并大都经过了课文作者本人或其家属的确认。这是第一次集中披露，就是想给你一个大大的惊喜。陈渡风是一个有心人，他不仅收藏了这些作者的手迹，还挖掘出手迹背后的故事，让这些藏在时光里的故事鲜活起来，成为照亮一代又一代人前进路上的光芒。

这套丛书源自一个爱的故事：陈渡风平时给儿子讲课文作者的故事，看课文作者的手迹。他的儿子因此爱上了语文，迷上了阅读，发表了作文，成绩提升很快，还获得了市教育局颁发的"书香少年"荣誉称号。原来，好的故事不仅能让孩子快乐，还能培养孩子的兴趣爱好。从这个初衷出发，他充分利用自己收藏的名人手迹，"幼吾幼以及人之幼"，要把这份爱传递给更多孩子。

写名人故事的书有很多，但是，据我所知，能够把课文作者的故事和手迹大规模集中展示的，这还是第一套。读完这套书后，我认为，对于小学生来说，这是一套非常有趣的学习语文的工具书；对于小学生语文老师来说，也是很有用的备课参考书；对于小学生的父母来说，也是拓宽视野、陶冶性情的好书。

我曾经说过，每个人的生命都是一个故事。有的人，把自己的故事写成了一部传奇；有的人，则把自己的故事变成了事故。

每个人在叙写自己的生命故事的时候，总是有生命原型、人生榜样的，这些原型和榜样会成为人的自我镜像，成为激励他前行的力量。所以，在小学阶段，不仅要让孩子们学习精彩的课文，熟悉那些美好的文字，更要让他们熟悉文字背后的人物，触摸那些伟大的灵魂。这也是这套书具有的另外一个特别的价值。

（序言作者朱永新系著名教育家、全民阅读形象代言人、新教育实验发起人，现为全国政协副主席）

目录

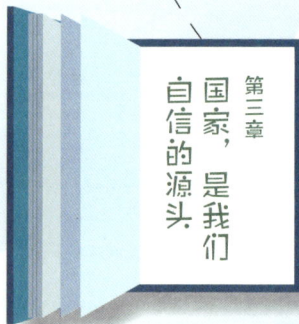

第一章

每朵花，
都有它的姿态

Guō Mòruò
郭沫若

人物简介

郭沫若（1892—1978），原名郭开贞，字鼎（dǐng）堂，号尚武，乳名文豹，四川乐山人，现代著名诗人、剧作家、历史学家、考古学家、古文字学家、社会活动家，新诗奠（diàn）基人。新中国成立后，历任政务院副总理兼文化教育委员会主任、中国文联主席、中国科学院院长、中国科学技术大学校长等职。

作品　著有诗集《女神》、历史剧《屈原》、回忆录《洪波曲》、学术著作《甲申三百年祭（jì）》等。

选入语文课本篇目

五年级《白鹭》，七年级《天上的街市》，九年级《屈原》（节选）。

郭沫若：
才华等于天赋加勤奋

四川省位于我国西南地区。这里风景秀丽，气候宜人，素有"天府之国"和"鱼米之乡"的美名。在历史上，这里先后出现过司马相如、苏轼等文化名人。郭沫若也出生于此。

1892 年，郭沫若出生于四川乐山。他原名郭开贞，因家乡是沫水与若水的交汇地，所以他后来就以这两条河为名，改叫"沫若"。也有人说，当时郭沫若正在日本留学，他改为此名，表示了他虽身在异邦，却不忘家园的意思，表现了他强烈的爱国主义思想。

郭氏在乐山当地是中等地主兼商人家庭，也算是书香门第。郭沫若自幼就接受了良好而严格的私塾（shú）教育，当他年纪轻轻离开家乡去闯荡天下时，已具备了丰富的中华传统文化知识。

郭沫若曾谦虚地说："自己也没有什么天才。大体上是一个中等的资质，并不怎么聪明，也并不怎么愚蠢，只是时代是一个天才的时代，让我们这些平常人四处碰壁。"他特别明确了个人与时代的关系，是"四处碰壁"使他得以成长。

郭沫若从小天赋极高，记忆力超强。他的女儿郭庶（shù）英在《我的父亲郭沫若》一书中提到，父亲幼时在家玩耍，听着兄长背诵诗词，兄长还没背会，他就已朗朗上口。同时他也非常努力，从求学的青少年时代，到后来从事文学创作和学术研究，一直勤奋用功。

由于天资出色，早在四岁半，郭沫若便进入家塾念书，师从沈焕章先生。他很快就背熟了《三字经》《诗品》等古籍。在所有孩子里，数他最调皮，也最聪颖。

九岁时，郭沫若就能对句吟诗了，"起初是两个字，渐渐做到五个字，又渐渐做到七个字以上"，常常得到沈先生的赞许。但是他太活泼了，根本坐不住。他认为在家塾"白日是读经，晚来是读诗"，这是在受"诗刑"。

1906年，在乐山高等小学堂的第一个学期，郭沫若便以优异成绩高列榜首。他成了"学堂里的一个小领袖"，也就是"学生头儿"。之后，因为带头反对校方专制，他被斥退回家。但邻近学校老师联名去信质问校方，经多方调解，他又得以返校，恢复学业。

到第三个学期，郭沫若获得年级第三名，提前毕业，升入嘉定府中学堂。那时，他已开始大量阅读林琴南译述的西方小说。

1909年，郭沫若十七岁，在嘉定府中学堂学习。如果按照现在的文理分科，他的理科成绩同样名列前茅。同学们要是去乐山沙湾的"郭沫若旧居"参观，就可看到他的修业文凭及两张成绩单，其中作文、外语、代数、几何、博物等都是九十分以上，被列入最优等。

展厅里还陈列着郭沫若的笔记，都是用毛笔写的，包括数学、物理等科，字体流畅整齐，作图匀称。当年勤奋、认真的毛笔书写，为他后来独树一帜的"郭体"书法奠定了扎实的基础。

从小学到中学，郭沫若在研习中华经典的同时，也接触了一些新学知识，并逐渐接受民主思想，这对他艺术观、文化理念的形成，新体、旧体诗歌的创作等，都产生了一定影响。

1914 年，二十二岁的郭沫若，漂洋过海到日本留学。因为天赋加勤奋，他掌握日语的速度，远远超过一般留学生。原本只会一点日语的他，仅用了半年时间，便顺利考入东京第一高等学校预备班医科，次年秋升入冈山第六高等学校医科。1918 年，他又成功考取了日本最高学府之一九州大学的医科。由于日本本土学生都很难考上该校，所以此事轰动了整个中国留学生圈子。后来，一位老者告诉郭庶英，当时留日的中国学生均以她父亲为荣，郭沫若大大长了咱中国人的志气！

众所周知，郭沫若是一位才华横溢、成就辉煌的大文豪。一方面他聪明伶俐，天赋超群，打小就有很强的记忆能力、理解能力，而且思路活跃、反应敏捷；另一方面，他又非常勤奋用功，几十年如一日地博览群书，日积月累，从而通晓古今、学贯中西。天赋加勤奋，方能成就非凡才华。郭沫若爷爷正是这样的一位典范。让我们一起向郭爷爷学习吧！

我的感悟

郭沫若
名言
ming yán

读不在三更五鼓，功只怕一曝（pù）十寒。（读书不一定非要每天加班加点读到三更半夜，最害怕的是三天打鱼两天晒网。）

一个人总是有些拂逆的遭遇才好，不然是会不知不觉地消沉下去的。人只怕自己倒，别人骂不倒。

人世间，比青春再可宝贵的东西实在没有，然而青春也最容易消逝（shì）。谁能保持得永远的青春的，便是伟大的人。

有一次，郭沫若听见自己的孙女在背诵李白的《静夜思》："床前明月光，疑是地上霜。举头望明月，低头思故乡。"

郭老笑眯眯地问起旁边的小女儿郭平英："诗中的'床'字，是什么意思啊？"

女儿立刻回答："这'床'就是床啊，睡觉用的'床'嘛！"

郭老又问："当时诗人在哪里呢？"

女儿回答："躺在床上，思念家乡啊！"

郭老笑了，继续说："如果诗人躺在床上，头是不好抬起来的。如果还要把头低下去，这个动作就更不好做了。再说，房间里怎么会遍地凝霜呢？"

听到他的分析，女儿一愣，心想，对啊。于是她翻开《辞海》一查，原来"床"字还有一种解释，即"井口的围栏"。

《静夜思》所描写的是室外这样一幅画面：宁静的月夜，月光洒落在井栏四周；诗人独倚井栏，举头远望高悬夜空的皓月；脚下素白一片，如同霜色；秋风吹来习习凉意，思乡之情从心底涌起。

这是郭平英老师讲的一个真实的故事。从父亲风趣的考问中，她悟到自己缺少的一种思维方法。诗无定解，床字有多个解释，应该允许求同存异，但同学们在考试中还是应该以教科书的答案为准。

郭老的提问，是一种思维方式的启发教育，要鼓励小朋友们从小多问几个为什么，要学会在习以为常和司空见惯当中发问。发现问题，是寻找正确答案的第一步。

ČSP

KUO MO ŽO,
význačný spisovatel a politik Lidové Číny, místopředseda SVOM

SÍLY VEDENÉ SVĚTOVÝM VÝBOREM
OBRÁNCŮ MÍRU JSOU NEPŘEMOŽITELNÉ

D 191

ORBIS

2·- Kčs

1.⁵⁰

ČESKOSLOVENSKO

我很喜欢窝尔津
这個味的風光,很
像我们中國的江
南。 郭沫若
1/VI/1958.

手迹解读

　　四川《达州日报》在2019年5月10日第7版刊登过这张特制的明信片，说上面有郭沫若先生1958年1月7日访问匈（xiōng）牙利时的亲笔题词。但郭沫若的女儿、中国郭沫若研究会名誉会长郭平英老师告诉我，《达州日报》的解读有误，明信片右上角印制的是"捷克斯洛伐（fá）克共和国"的邮票。这个国家后来（1993年1月1日起）分为捷克、斯洛伐克两个独立的国家。小读者们，通过这张明信片，你们是否感受到了世界风云的起伏变幻呢？

　　新中国成立之初，受到了资本主义国家的敌视和封锁，让全世界听到中国人民的声音尤为重要。郭沫若频频率领中国代表团出席国际会议，访问友好国家，所以经常有人把他比喻成新中国的"和平鸽"。

　　郭沫若在这张捷克斯洛伐克特制的明信片上写道："我很喜欢富尔泽哇河畔的风光，很像我们中国的江南。"落款时间中的罗马数字是对应月份，所以这是郭沫若1958年"五一国际劳动节"这天在北京的题词。这句题词让人联想到异国美丽的风情及草长莺飞的中国江南，诗意盎然。郭沫若写的"富尔泽哇河"，现在通译为"伏尔塔瓦河"。伏尔塔瓦河畔的布拉格，是捷克共和国的首都，它位于欧洲大陆的中心，是欧洲最美的城市之一，也是全球第一个整座城市都被指定为世界文化遗产的地方。

　　本藏品历史价值、文物价值极高，是新中国和平外交的见证，实属罕见。

茅盾

人物简介

茅盾（1896-1981），原名沈德鸿，字雁冰，浙江桐乡人，现代著名作家、文学评论家、社会活动家，新文化运动的先驱。曾任《小说月报》主编，发起成立文学研究会。新中国成立后，曾担任全国政协副主席、文化部部长、中国文联副主席、中国作家协会主席、《人民文学》主编等职。

作品

出版有长篇小说《子夜》《虹》，中短篇小说《蚀》《少年印刷工》《林家铺子》《春蚕》，散文《风景谈》《白杨礼赞》等。

选入语文课本篇目

四年级《天窗》，八年级《白杨礼赞》。

先生夸赞他"是将来能为文者"

小时候，茅盾在家后院堆放杂物的平房中发现了一只旧木箱，里面装满了各种各样的旧木版书①——都是些被大家称为"闲书"的旧小说。一下子看到这么多书，茅盾分外惊喜，爱不释手。

特别是看到《西游记》这本书时，他脑海中立刻浮现出母亲给他讲过的故事。茅盾一屁股坐在了木箱上，迫不及待地翻看起来。这批木版印刷书，雕刻和印刷质量虽然都比较差，甚至有些页面很模糊，字迹也不清晰，但茅盾却被书中的精彩故事所吸引，如获至宝。

母亲把茅盾在偷偷看"闲书"的事告诉了父亲，但父亲并没有严厉地禁止。为了顺应茅盾的趣味，父亲就把自己的一本石印②版《后西游记》送给了他。这本书不像其他书大都插有绣像图③，因为他父亲认为，

---

①木版书：木板刻印成的书。

②石印：用石版印刷。

③绣像图：插图的一种。明清以来，若干通俗小说前面附有书中人物的图像，以增读者兴味；因用线条勾描，绘制精细，也称"绣像"。

如果有漂亮的插图，孩子的兴趣就只会停留在插图上，而不会从头到尾读完所有文字。

旧时的乌镇有"歇夏"④的习俗。有一年盛夏，茅盾去舅舅家"歇夏"。舅舅虽是位医生，平日却也爱读小说。受到大人们的影响，茅盾与表兄一道，找机会偷读舅舅家收藏的旧小说。表兄读的是《七侠五义》一类，而茅盾读的却是《野叟（sǒu）曝言》。《野叟曝言》共一百五十四回，是一部长篇小说，曾有"天下第一奇书"之称。可茅盾却只花了三个半天的时间便看完了——当然，他当时是跳着看的。

舅舅发现他们在偷读旧小说，就冲着茅盾问道："你来这里看过哪些书？"茅盾马上回答："看过《野叟曝言》。"舅舅简直不敢相信自己的耳朵。茅盾说："看不懂的很多。我是挑着看看得懂的。"舅舅听了，对茅盾非常满意。

茅盾8岁时正式去学堂上学。由于自幼爱好阅读，他思路开阔、词汇丰富，因此各门功课都很优秀，尤其作文相当出色，是同龄孩子中的佼佼者。

那时，学校月月有考试，单考国文（语文）一科，不仅出榜公布，

---

④歇夏：在夏季炎热时停工休息。

前几名还有奖励。有一回，茅盾的作文又得了表扬，学校奖励的是《无猫国》与《大拇指》两本童话书。茅盾已看过不少旧小说了，对这些童话书兴味不浓，就把它们送给了弟弟。显然，早在童年时期，茅盾的阅读层次就已超出了一般的同龄孩子。

桐乡市茅盾纪念馆馆长王飞鹏告诉笔者，茅盾少年时期的作文集《文课》共收录有 37 篇作文，像《宋太祖杯酒释兵权论》《祖逖（tì）闻鸡起舞论》《青镇茶室因捐罢市平议》等作文在他们纪念馆内都有展览，而这些精美的文章则成了大家学习写作的典范。

13 岁那年，茅盾乘上了去湖州的小火轮，开始了中学生活。有一次，先生钱念劬（qú）布置的作文是自命题，很多同学不知道该写什么。茅盾起初也和其他同学一样迷茫，后来忽然想起老师教过的《庄子》中的一则故事，于是就借鉴这则故事的寓意，写了篇五六百字的文章，题名《志在鸿鹄（hóng hú）》。文中通过对大鸟形象的描述和赞颂，表明他的少年壮志。而且文章题目又与茅盾的名字"沈德鸿"相合，茅盾也是借此题自抒胸臆。

这篇文章形象生动，思想高远。先生很是高兴，在文后作批语"是将来能为文者"。

很多作家往往在小时候就显示出文学方面的天赋。他们往往喜欢阅读、思考，乐于观察大自然及周边的人，擅长说话、写作，知识面广、思路开阔、想象丰富。青少年时期的茅盾，就是这样一个典范。一个人如果能把兴趣爱好变成梦想，并为了梦想不断努力、不断积累、不断提高，一定会有大成就。

我的感悟

茅盾
名言
míng yán

天分高的人如果懒惰成性，亦即不自努力以发展他的才能，则其成就也不会很大，有时反会不如天分比他低些的人。

只有竹子那样的虚心，牛皮筋那样的坚韧，烈火那样的热情，才能产生出真正不朽的艺术。

青年！你们背上的担子是一天重似一天，你们的生命之火应向改造社会那条路上燃烧，决不可向虚幻的享乐道上燃烧。

阅读拓展

1913年夏，茅盾从中学毕业，报考北京大学预科第一类。考试完毕后，他只在上海多住了一两天，便回家等候消息了。

回家后，茅盾天天留心看《申报》。因为被录取者将在《申报》广告栏刊登姓名。等了一个月，报纸上终于刊登了北京大学的录取名单，却没有"沈德鸿"的名字，茅盾一时感到非常沮丧。但是有一个"沈德鸣"与茅盾的名字十分相似，家里猜想"鸿"与"鸣"字形相近，可能是写错了。好在不久后，学校来了通知，茅盾这才知道他考上了北京大学预科第一类。

手迹解读

在这封信里，茅盾先生向出版社编辑们介绍自己作品的重印情况，并告知此前错误之处均已被他改正了。从中我们可以读到这位大作家的谦虚、诚恳与严谨。

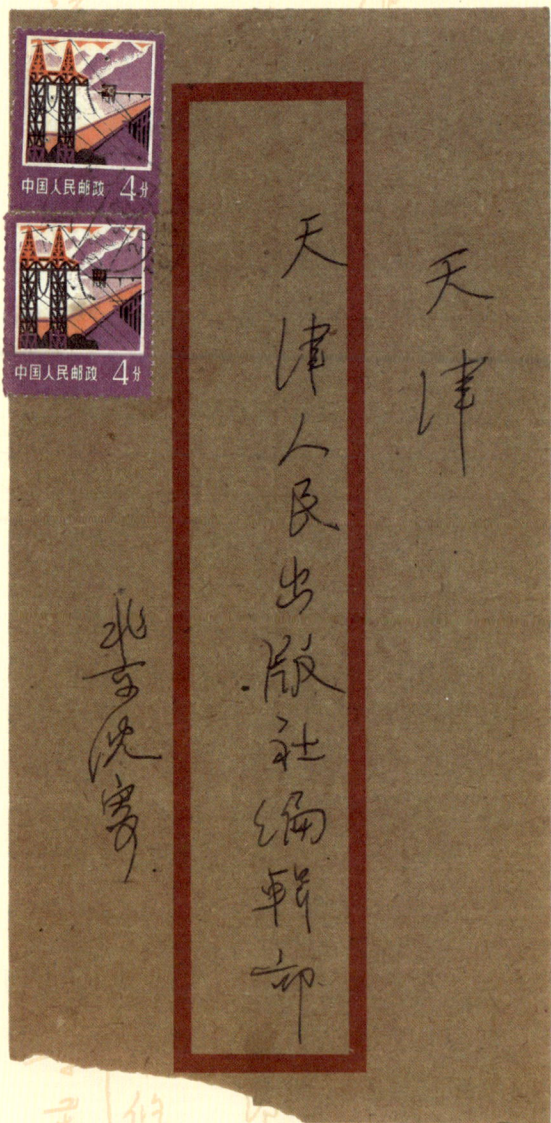

天津

天津人民出版社编辑部

北京茅盾寄

茅盾致天津人民出版社编辑部书信一封，附信封

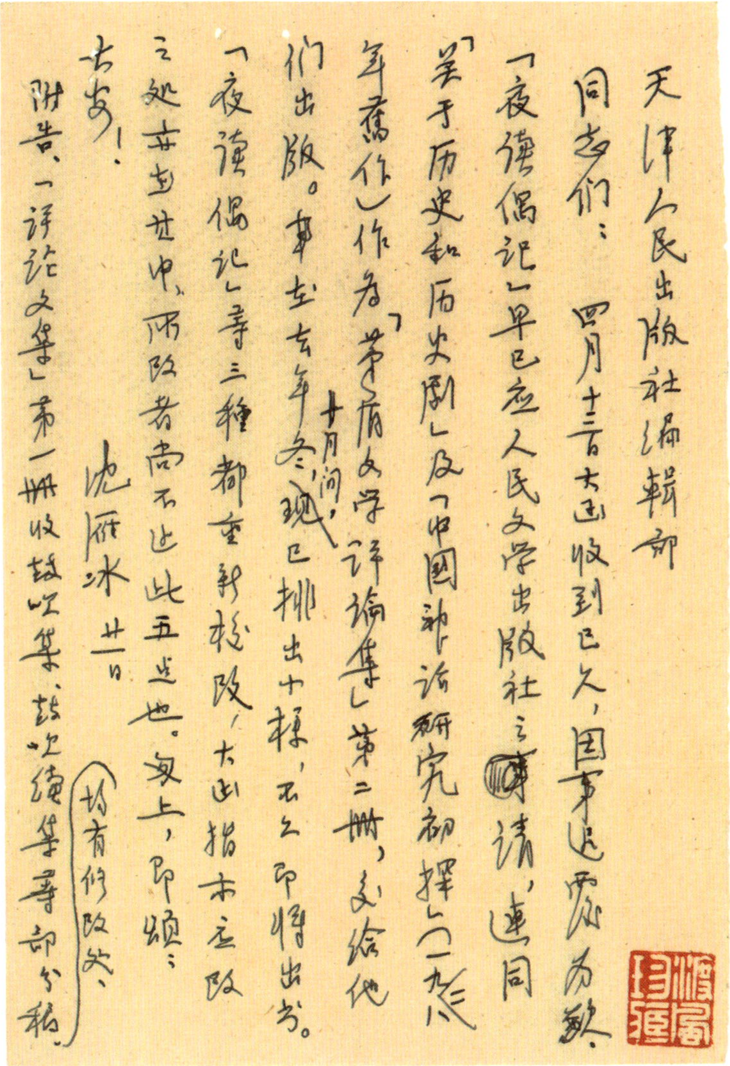

天津人民出版社编辑部

同志们：　四月十三日大函收到已久，因事迟误为歉。

「夜读偶记」早已应人民文学出版社之□请，连同

「关于历史和历史剧」及「中国神话研究初探」一起

（年旧作）作为「茅盾文学评论集」第二册，交给他

们出版。事去去年冬现已排出十样，不久即将出书。（十月间）

「夜读偶记」等三种都重新校改，大函指末之改

三处亦去世中，所改者亦不止此五处也。复上，即颂

古安！

附告，「评论文集」第一册收拙作集，较此续笔尋部分稿。

沈雁冰 廿日

均有修改处。

Liáng Xiǎoshēng

梁晓声

人物简介

　　梁晓声，原名梁绍生，1949年出生于黑龙江哈尔滨，祖籍山东，当代著名作家，第十届茅盾文学奖获得者。1977年从复旦大学中文系毕业。曾任北京电影制片厂编辑、编剧，现为北京语言大学人文学院教授。

作品

　　代表作有中短篇小说《这是一片神奇的土地》《父亲》《今夜有暴风雪》，长篇小说《雪城》《浮城》《人世间》，电视连续剧《年轮》《知青》《返城年代》《人世间》等。

选入语文课本篇目

　　五年级《慈母情深》。

梁晓声：
人与书是有缘分的

博览群书的梁晓声，对读书有很多自己的体会和见解。

梁晓声的父亲对子女十分严厉，常有打骂，这使得梁晓声有了语言障碍。年幼的他口齿迟钝，说话一直慢吞吞的。直至上中学以后，他才逐渐矫正过来。他也因此变成了一个说话慢言慢语的人。

失之东隅（yú），收之桑榆。说话迟钝、言语不多反而让梁晓声养成了独立思考、勤奋笔耕的习惯，这为他后来成为妙笔生花的大作家打下了基础。这也许就是老子所说"大巧若拙，大辩若讷（nè）""知者不言，言者不知"。

梁晓声幼年家境贫困，但他的母亲还是拿出微薄收入，支持他买书、看书。年幼时梁晓声便与书结缘，有机会得以广泛而丰富地阅读。在阅读过程中他开阔了眼界，进入了一个全新的世界。不知不觉间，写作的种子也在悄悄萌芽。

1980 年，他买了套文言小说《聊斋志异》。书中妖魔鬼怪的故事，他都零零星星读过。但这本书里他最不喜欢《画皮》，认为故事对男人有偏见，好像个个看女性都是以貌取人。他比较喜欢《王六郎》，故事讲述了一个年纪尚小的溺水鬼，宁愿放弃托生为人，也不忍伤及善良者。梁晓声读后潸然动情，认为这个小水鬼的心灵是美好的。

梁晓声认为，蒲松龄写小说偏要使用文言文，而不是白话，书中出现连篇累牍（dú）的生僻字，是其在有意卖弄自己的文采。但他也认为，文言文那种绚丽华美的风格，在《聊斋志异》里确实比较突出，部分段落甚至可以当骈俪（pián lì）文①来欣赏。他举了个例子："我们谈'跪'字，会觉得一般是双膝着地，甚至是垂头俯腰；但要形容一个人跪得不服气，可能得用一长串现代文字，但文言文用'踞'字，那个状态就出来了。"

从青春年少到下乡当知青，梁晓声读中国古典文学作品相对不算太多，在这为数不多的作品里，他特别喜欢《白蛇传》，评价它"这是人类文化中，人类想象力处在最上端的一颗珠子"。

安徒生的代表作之一《卖火柴的小女孩》，梁晓声看过很多遍。他曾有个疑问，安徒生是写给谁看的？给卖火柴的小女孩看吗？可她们都买不起书。他认为这个故事是写给家庭条件较好、不必去卖火柴的孩子看的。当她们被感动，意味着人世间将有可能多一位具有同情

---

①骈俪文：指骈体文，多用偶句，讲求对仗。

心的善良的人。这种同情心和善良人性也将由他们传播下去。

在接受中国新闻网记者上官云采访时，梁晓声说："我是一向主张读闲书的，甚至40岁之后，我读的闲书比小说多得多，这会有什么好处呢？"梁晓声自问自答，"我补上了文学家可能是科盲的短板。比如列车上要是对面坐着一个学法律的，你不会跟他没话说。交谈后，知识就又会丰富一些。"

梁晓声对语言的感觉一直非常敏锐，并倡导多多读书。他认为，看电影、听音乐都能纾（shū）解情绪，读闲书也是，里面有知识、有趣味，还有些读书人的思想与见解。

他反对以功利目的去读书，"你今晚要炒菜，去打开菜谱，这可以。养花不会，去打开手机（查），这可以。但是读书这件事，跟我们的关系本来就应该是日常的关系，是一种生活方式的关系。"

他重读屠格涅夫的小说《父与子》时，陷入了一种空前的忧伤。那些早在青少年时代就曾对他产生过很大影响的经典名著，多年以后还是让他无比感动。

在梁晓声看来，人和好书之间一定有种不可名状的缘分。一个爱读书的人，只要他读到三年以上，眼睛一扫琳琅满目的书橱，就能把他最钟情的那本书找出来。

著名作家梁晓声出生于中华人民共和国成立那年。他是典型的共和国同龄人，同时也是共和国的见证者和书写者。几十年的时代烟云、世事沧桑，都在他笔下有恢宏、客观而丰富的呈现。他能写出这么多好书，原因就是他喜欢阅读。同时，他的丰富经历、独特体会和深刻见解，也让他的作品更有魅力。他不擅长高谈阔论，这倒使他可以静静地博览群书，妙笔生花，从而著作等身。他认为人与书之间大有缘分，这难道不给我们以深思、启发吗？

我的感悟

梁晓声名言 ming yan

全因为有了家，活着才是有些情趣的事。

生命对人毕竟只有一次。在它旺盛的时候，尽其所能发光发热才更符合生命的自然。若生命是一朵花就应自然地开放，散发一缕芬芳于人间；若生命是一棵草就应自然地生长，不因是一棵草而自卑自叹；若生命不过是一阵风则便送爽；若生命好比一只蝶何不翩翩飞舞？

"文化"可以用四句话表达：植根于内心的修养；无需提醒的自觉；以约束为前提的自由；为别人着想的善良。

阅读拓展

梁晓声除了重视成年人的阅读外，同样重视小学生的阅读与写作。他在《小学生如何写好作文》一书中告诉我们："阅读和作文不是包袱（fù），而是一件愉快的事。"他希望我们能从分数的压力中解脱出来，在书香氛围中快乐成长。

梁晓声认为，写好作文是我们小学生与生俱来的能力。而后天的训练，可以使这种能力得到提升。我们个个都能写好作文，关键是要激活大脑中的感性思维区域，警惕成为感性脑区僵化的"半脑人"。

他认为，作文它能调动我们的综合思维能力，不但可以满足我们的表达欲望，还能让我们享受个人化的表达愉快之情。我们只要在适宜的年龄段就开始练习释放表达欲望，就会发现作文是如此有意思，而不仅仅是有意义。

他建议，我们小学生应以积极的态度独立完成作文，写自己愿意写的事，充分展开想象，真性情地进行表达，将自己的真情实感融入作文当中。

探望前辈黄宗英有感

桑晚声

虽然，我已经六十余岁了，但对于黄宗英，我还是得称前辈。因为她今年已经八十八岁，长我二十四五岁呢。事实上，前辈这一种称谓相当中国化。即使在我们中国，也相当的古代，还多少具有点儿江湖意味。在当下生活中，我们已不太听得到"前辈"这一称谓了，似乎只有在武侠片中还听得到。据说网上还挺流行，也同样只不过出现在网络上的仿武侠小说中。并且，网络本就是很江湖气的地方，十之七八的网主们的名字，不论男女，也都是挺江湖气的。

我和黄宗英都是中国文坛上人。以我的个人感觉所估，亦觉中国之文坛，往之也江湖气

20×15=300

024

探望前辈黄宗英有感

梁晓声

虽然，我已经六十余岁了，但对于黄宗英，我还是得称前辈。因为她今年已经八十八岁，长我二十四五岁呢。事实上，前辈这一种称谓相当中国化。即使在我们中国，也相当的古代，还多少具有点儿江湖意味。在当下生活中，我们已不太听得到"前辈"这一称谓了，似乎只有在武侠中还听得到。据说网上还挺流行，也同样用于武侠小说中。

手迹解读

这是 2022 年 1 月 18 日梁晓声老师赠送给我的一份手稿，文章标题是《探望前辈黄宗英有感》，稿件一共有 49 页，限于刊登篇幅，我只选首页刊发。该文作于 2012 年 9 月 3 日，梁晓声先生以记录性的方式公开表达了对老师黄宗英的感恩。真诚的笔调、深刻的剖析，读来令人泪流满面。

袁鹰

人物简介

　　袁鹰，原名田钟洛，1924年出生于江苏，著名作家、诗人、散文家。曾任《人民日报》文艺部主任、《散文世界》主编、《人民文学》编委等。

作品

　　著有散文集《第一个火花》《红河南北》《第十个春天》《风帆》《悲欢》《天涯》《远行》《京华小品》，诗集《寄到汤姆斯河去的诗》，儿童文学作品《丁丁游历北京城》《刘文学》等。

选入语文课本篇目

　　四年级《颐（yí）和园》，六年级《小站》。

袁鹰：
新式小学作用大

　　袁鹰出生于苏北古城淮安的洪泽湖东岸，毗（pí）邻京杭大运河。他的祖父为官清廉，回到老家后没有多少积蓄。祖父置买了一些湖边的耕地。洪泽湖经常发大水，他们家经常收不到粮食。即便如此，祖父还是会在家乡做慈善，救济孤儿，并参与创办了江北慈幼院。

　　袁鹰是长孙，幼时便在私塾学习。此外，祖父还在家教他《唐诗三百首》《古文观止》《论语》《孟子》等。祖父每日做文章，研究《易经》，给人家写对联。在祖父书房的窗下，就有袁鹰的一张小书桌。他就坐在那写字、读书，直到10岁。

　　当时，有些淮安籍的金融家在全国各地开办银行。袁鹰的父亲是独子，他本来也可待在家做少爷，但祖父比较开明，让他走出去，到银行去当练习生。因此，在老家就是袁鹰的母亲管事了。父亲一人在浙江杭州谋职，在祖母病逝后，他们干脆把家搬到了杭州，在杭州生活了5年。直到1938年再次搬家，到了上海。

　　对于袁鹰来说，在杭州这5年可是大有裨（bì）益的。

　　他进入了新式小学——杭州师范附属小学。不像在家光念古文、古诗，新式小学里不但有算术、体育，还有美术、音乐、劳作等课程，这让他觉得很新鲜。

在小学，他接受了时事教育。1931 年"九一八"事变爆发后，日本帝国主义侵占中国东北并挺进华北，整个中国的形势越来越严峻（jùn）。杭师附小校园里立了块很大的牌子，上面写着四个大字"毋（wú）忘国耻"。这种爱国主义教育是无形的，大家每天一进学校就看到这四个字，老师也常讲些时局动态，对学生的影响比较大。

小学每周一早晨会召开全校师生大会。校长在讲话前，总要指定高年级学生背诵孙中山先生遗嘱（zhǔ）。袁鹰念到五年级时，老是觉得自己有可能突然被叫到，就把文章背得滚瓜烂熟的。可校长从没叫过他。

同时，全体学生每天早晨都会站在操场上集合。老师会根据前一天的报纸，通告几分钟国内时事，然后体育老师领着大家做早操，再回教室。袁鹰觉得，这就是公民意识教育。国家遇到危机了，大家都有责任，将来须担当救国重任。

音乐课上，大家会唱《满江红》《苏武牧羊》等爱国歌曲。袁鹰在读小学时，就会唱《义勇军进行曲》了。《义勇军进行曲》本是电影《风云儿女》的主题曲，是一首有名的救亡歌曲。音乐老师在课上把歌词的意义详细讲解了一遍，同学们都很受触动。袁鹰觉得，这对少年儿童的成长很有意义。

袁鹰认为，童年在老家，他学习的"四书五经""唐诗宋词"，只能提高个人的品德修养，而在杭州接受的新式教育，让他受到了更加全面的培养，增强了社会公民责任、现代文明意识。

　　袁鹰在老家的时候念私塾，跟着祖父读旧书、背诗词、练书法，到杭州后上的几年新式学堂，给他打开了一片新天地。不但使他接触到过去从未有过的算术、体育、美术、音乐、劳作等新课程，而且通过校园立牌、师生大会、时事通告等方式，接受了爱国主义教育和公民意识教育。这些教育对青少年学生的健康成长作用很大。

我的感悟

袁鹰名言
ming yūn

所谓过，一是过失的过，二是过去的过。

是谁将百里漓江，染成浓碧？是谁在晶莹的水底，铺下了片片芳草地，轻软又柔和？

竹叶烧了，还有竹枝；竹枝断了，还有竹鞭；竹鞭砍了，还有深埋在地下的竹根。

阅读拓展

从出生到 10 岁，袁鹰在京杭大运河畔（pàn）的家乡淮安度过；此后在杭州的西湖畔生活了 5 年，上了小学和一年初中；再后来，又在上海的黄浦（pǔ）江畔生活了十几年；从 28 岁到现在，一直生活在北京。

袁鹰说："这些地方，都可以说是我的故乡。西湖和钱塘江是故乡水吗？黄浦江和苏州河是故乡水吗？永定河、颐和园和昆明湖是故乡水吗？是。又不全是。"

在他梦中流淌、唤起许多遥远记忆的，还得数那纵贯南北、不舍昼夜的大运河。

是啊，大运河是袁鹰关于故乡的永远记忆，其花灼（zhuó）灼，其情切切，其心悠悠。如今，袁鹰已不是"梦里依稀看淮安"了，因为淮安古城就像明镜似的，一直在他心中。

袁鹰 1972 年 6 月 24 日致滕凤章书信一封，附信封

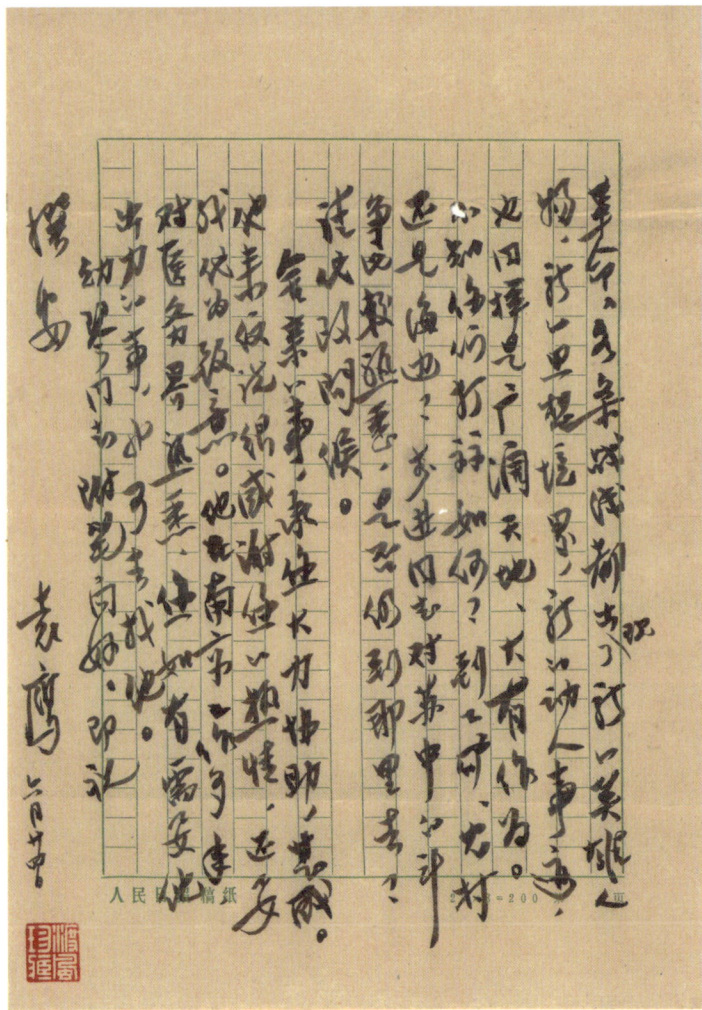

这是一封写于特殊时期的信，信封具有鲜明的时代特征，同学们是否有新的发现？从信中的字里行间可以看出，当时还身处困境的袁鹰对地方上文学创作兴起的消息感到十分高兴，体现了一个老出版家对于本职工作的热爱。

Lù Yǐngmò

陆颖墨

人物简介

陆颖墨，1963年出生于江苏常州，著名军旅作家，海军大校。曾获第二届《当代》文学奖、首届《中华文学选刊》奖、第七届《小说月报》百花奖、第五届鲁迅文学奖、第十二届《小说选刊》年度大奖和第六届全军文艺会演话剧编剧一等奖等奖项。

作品

著有《海军往事》《小岛》《蓝海金钢》《寻找我的海魂衫》《白手绢，黑飘带》《中国月亮》《远岛之光》《军港之夜》等。

选入语文课本篇目

五年级《小岛》。

陆颖墨：
萦绕多年的"西沙梦"

　　1974 年 1 月 19 日，西沙群岛的西沙自卫反击战爆发，中国人民解放军海军和守岛民兵一道，收复了被敌军占领的岛屿。多年以后，陆颖墨在《解放军报》上发表了一篇小说，写到一场海战，发表那天恰好是 1 月 19 日。许多读者都来电向他询问，这篇小说是不是为了纪念西沙海战而作？其实这纯属巧合，但它确实起到了纪念这场海战的效果。

　　那场西沙海战刚打响时，陆颖墨还只有 11 岁，在读小学四年级。他没有想到，这场海战在很大程度上改变了他的人生方向。

　　海战过后，国产影片《南海风云》放映。陆颖墨被影片里面那些威武的战舰所吸引，特别是水兵们穿的那身军服，黑飘带、蓝披肩，让他耳目一新，为之倾倒。小镇上也来过海军，但式样与陆军差不多，陆军是草绿色，海军是灰色而已。没想到，电影里的海军军服这么好看！

　　不久，广州军区的诗人张永枚，也就是歌曲《人民军队忠于党》

和《骑马挎枪走天下》的歌词作者，写了一首长诗《西沙之战》。后来，这首诗被改编成了连环画。

在那个江南小镇上，有几个喜欢画画的孩子，经常聚在一起画着玩。什么杨子荣、白毛女、南霸天等，都画过。而自从有了这本《西沙之战》，他们都爱上画那些穿着新式军装、英姿飒（sà）爽、要怎么好看就怎么好看的海军。

这本连环画成了陆颖墨心爱的读物，他临摹（mó）过好长一段时间，从此对海军和大海产生了无限向往。当然，对遥远的西沙群岛，他同样产生了浓厚的兴趣。

那时候的西沙群岛，在陆颖墨心目中，就是"美丽富饶"的象征，影片《南海风云》的插曲，叫做《西沙，我可爱的家乡》。歌词对西沙群岛的美丽风光有着充满深情的描绘和赞美，歌曲旋律优美动听，到今天还广为传唱：

"在那云飞浪卷的南海上，有一串明珠闪耀着光芒，绿树银滩风光如画，辽阔的海域无尽的宝藏。在那美丽富饶的西沙岛上，是我祖祖辈辈生长的地方，汗水洒满座座岛屿，古老的家乡繁荣兴旺。西沙西沙，祖国的宝岛，我可爱的家乡。"

小镇上有个文化站，订了不少报刊。陆颖墨和小伙伴常去翻阅那固定在桌面上的画报，特别是《人民画报》和《解放军画报》。其中有一期画报，用很大篇幅介绍了西沙群岛。陆颖墨至今还记得，西沙群岛最大的海岛永兴岛上有一幢三层的办公楼，那里高高飘扬着一面五星红旗。门口的牌子表明，那是西沙的政府所在地。

由于小时候画了太多次海军军装和军舰，在陆颖墨心中，他与海军的缘分不知不觉就结下了。1980年他参加高考时分数很高，上海交大的招生老师明确表示要录取他，但为了儿时的梦想，他还是毅然填报了海军工程学院（今海军工程大学），穿上了他梦寐以求的海军军装。

陆颖墨上了军校才知道，教他的一位老师，就是永兴岛上那座办公楼的设计者。这位老师是从海南岛上一个部队设计单位调过来的。从他嘴里，陆颖墨听到了不少关于西沙海战的故事。虽然老师并不是亲历者，但毕竟是从参战部队里出来的。

1984年陆颖墨大学毕业到海军机关工作，直到1990年，他终于有机会去了魂牵梦萦的西沙群岛。当时海军正在那里建机场，领导交给他一个任务，让他去体验生活，创作一部话剧，为全军文艺会演做准备。从西沙群岛回来后，陆颖墨创作了大型话剧《远岛之光》并在京公演，获得了第六届全军文艺会演话剧编剧一等奖。这趟西沙之行，正式开启了他关于南海、关于西沙南沙的文学征程，他陆续写出了《小岛》《潮声》《归航》《海之剑》《丛林海》和《蓝海金钢》等小说。

一个人的儿时梦想，会受到文学作品和艺术形象的感染，埋下的种子会生根发芽。在军旅生涯中，陆颖墨真正认识了大海并深深地爱上大海，当然也爱上了大海的守卫者，也就是他的战友们。火热的军营生活、感人的水兵故事和纯真的军人情感打动了他，他在繁忙的工作之余挤出时间，写下了一个又一个海军故事，写出了水兵的精神和情怀。

我的感悟

陆颖墨
名言
míng yán

不管大花小花，都有她自己的香味。

当一个人能够学会反省自身，便更能客观地看待世界，也更能接近真理。

阅读拓展

1990 年的一天，陆颖墨第一次远航去南海西沙群岛。那天，船外涌起数米高的巨浪，形如一排排蓝色的大山，使他晕船晕得一塌糊涂。第二天风浪减小，他看到很多海鸥在绕着军舰飞翔，便问一名水兵："为什么海鸥一直跟着我们的船呢？"水兵说："几百公里的海上看不到一个岛屿。如果海鸥飞不动了，跌到浪里就得淹死。在远海的时候，它必须跟着船。"

陆颖墨当时第一个想法就是，在连海鸥都难以生存的汪洋大海上，我们的海军战士却日复一日年复一年地默默坚守、无私奉献，用生命与青春守卫着中国南海的神圣国土，捍卫着祖国的主权与和平。

那次远航，给了陆颖墨很大的触动，也深深影响着他的写作。多年来，陆颖墨一直"凝望"着那片遥远的中国南海，用文字记录、讲述水兵们的生活与故事。

大海是人类的故乡，也是人类的未来。中国是个海洋大国，希望同学们了解海洋，喜欢海洋，也喜欢海军。祝愿同学们能够拥有象大海一样广阔的胸怀和广阔的未来。

陆颖墨

壬寅春

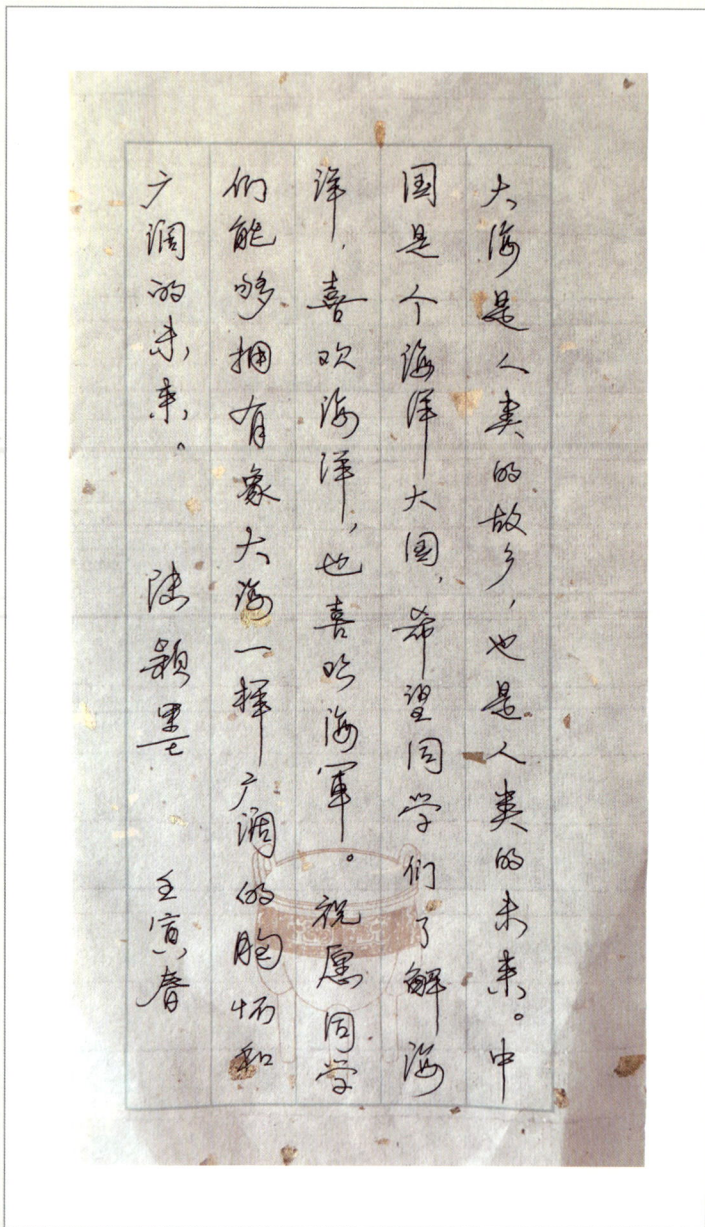

当代军旅作家陆颖墨先生写给广大小学生的寄语

艾青

Ài Qīng

人物简介

艾青（1910—1996），原名蒋正涵，号海澄，浙江金华人，现当代文学家、著名诗人、画家。1933年首次发表长诗《大堰（yàn）河——我的保姆》。1935年出版首部诗集《大堰河》。1941年赴延安，任《诗刊》主编。曾任中国作家协会副主席，获得过法国文学艺术最高勋章。

作品

出版有《我爱这土地》《归来的歌》等诗集。从诗歌风格上看，新中国成立前，艾青以深沉、激越、奔放的笔触诅咒黑暗，讴歌光明；新中国成立后，则深情地歌颂人民，礼赞光明。

选入语文课本篇目

四年级《绿》，九年级《我爱这土地》及名著导读：《艾青诗选》如何读诗。

大诗人的本色

假如我是一只鸟，／我也应该用嘶哑的喉咙歌唱：／这被暴风雨所打击着的土地，／这永远汹涌着我们的悲愤的河流，／这无止息地吹刮着的激怒的风，／和那来自林间的无比温柔的黎明……／——然后我死了，／连羽毛也腐烂在土地里面。／／为什么我的眼里常含泪水？／因为我对这土地爱得深沉……

这是著名诗人艾青的代表作之一《我爱这土地》，尤其是最后两句，被无数人所传诵。

写出如此经典名作的艾青，到底是怎么样的一个人呢？本文就来讲讲他的几个小故事。

据金华市委党史研究室资料记载，1953 年春，已在外漂泊、奋斗

了许多年的艾青，很想回家乡浙江金华看看。因为艾青同志的政治身份特殊，为保证他的安全，浙江省公安厅的有关负责人决定安排两名警卫员护卫他，但他坚持不要。公安厅只好给金华当地公安处打电话，后来公安处就安排了一名警卫员护卫艾青。1992年5月，艾青又应邀回金华，并参加了当地纪念《在延安文艺座谈会上的讲话》发表五十周年的系列活动。金华市公安局再次决定安排两名警卫员护卫他，这回艾青坚决表示拒绝。

1953年，艾青回到金华后不想引人注目，就选择住在一个简陋的小旅馆里。他的弟媳（弟弟蒋海济的妻子）得到消息后，前往旅馆看望他。可是，弟媳在登记处查找住客名单时，翻过来翻过去都没看到艾青的名字。当弟媳准备离开旅馆时，瞧见一间客房的门开着，房里有个在缝衣扣的中年男人，长得挺像自己的丈夫，于是问道："您是不是海济的哥哥？我是他的爱人！"原来是弟媳来了，艾青赶紧放下针线给她让座。弟媳要抢过他手里的针线，帮他缝，艾青却不让，说："我的针线包是随身带的，是延安的作风，我自己会缝。"

艾青为人十分谦逊。弟媳知道哥哥是从京城来的大文化人，想请艾青写一幅字。艾青爽快地答应了。弟媳夸赞道："您写的字是墨宝！"

艾青连忙制止说："自己家里人不好说墨宝的，别人讲墨宝那是吹的！"

1973年9月，艾青从新疆回到家乡畈田蒋村。他去了大堰河的墓地，还与父老乡亲们倾心交谈。乡亲们十分喜欢艾青，跟他很亲近，大家一起回忆往事，畅想未来的日子。乡亲们都说，艾青一点官架子都没有，这么多年了，还是讲家乡的土话。乡亲们把自己栽种的新鲜蔬菜送给艾青吃，可以看出他们对诗人的真切情意。这次回家，艾青在畈田蒋村住了四天。他尤其喜爱村头的两棵大樟树，每天都要走去看看。村旁的禅定古寺也是艾青常去的地方。

艾青也是一个实事求是的人。在一次学术会议上，有研究者提出艾青是继屈原、杜甫之后中国第三个伟大诗人。他本人却很谦虚、清醒，提出不要随便拿古代名人跟自己相比，他说："论我就论我，我是什么就是什么……一定要说我是一匹骏马，比谁都跑得快，就不合适。"还有人写诗赞颂艾青是"永不孤寂的使者"，艾青说："永不孤寂不见得，我不愿意人家把我捧得很高，也不愿意人家把我贬得很低。"

艾青是一位献身祖国、献身时代的杰出诗人，也是一个情感非常丰富的人。他热爱祖国、热爱人民、热爱家乡、热爱生活、热爱大自然。从他的几个小故事可以知道，他一直保留着质朴、勤劳、谦虚、真诚的本色。其实，正是因为他保留着这些本色，才能成为大诗人。

我的感悟

艾青
名言

ming
yan

光荣的桂冠，从来都是用荆棘编成的。

我的思念是圆的，八月中秋的月亮也是最亮、最圆的。无论山多高、海多宽，天涯海角都能看见它。

即使我们是一支蜡烛，也应该蜡炬成灰泪始干；即使我们只是一根火柴，也要在关键时刻有一次闪耀；即使我们死后尸骨都腐烂了，也要变成磷火在荒野中燃烧。

阅读拓展

1932年3月，艾青从法国勤工俭学归来。他在家乡浙江金华停留了一个多月，4月中旬辗转到了上海并加入了"中国左翼美术家联盟"。他和江丰、力扬一起，组织了"春地美术研究所"，筹办"春地画展"。展出的作品，主题多是描绘人民苦难、挣扎呼号与奋斗。

为举办画展，艾青等人专门从沪杭两地组织了约一百幅木刻、油画、漫画作品。连鲁迅先生也派人送来了自己所藏的珍品——德国伟大的女画家柯勒（kē lè）惠支的《织工暴动》和《农民战争》，以表支持。1932年6月24日，画展开幕，观众甚多，反响热烈。"春地画展"展出的作品内容一扫画坛颓废的旧习，比较真实地表现了挣扎中的劳动者的苦难和抗争的场景。《文艺新闻》著文评价说："此次画展为近来中国艺术运动上最青春的一页。"

画展期间，艾青最难忘的是见到了鲁迅。他在一篇文章中回忆说，6月26日由他值班，鲁迅携（xié）夫人许广平前来观展。鲁迅一边细细观看作品，一边向艾青询问。这是艾青第一次也是最后一次见到鲁迅。艾青感慨："从那之后，我再也没机会碰见他——我们时代最善于战斗的勇士。"

高光同志指正

艾青

一九八三年六月九日

诗论

艾青

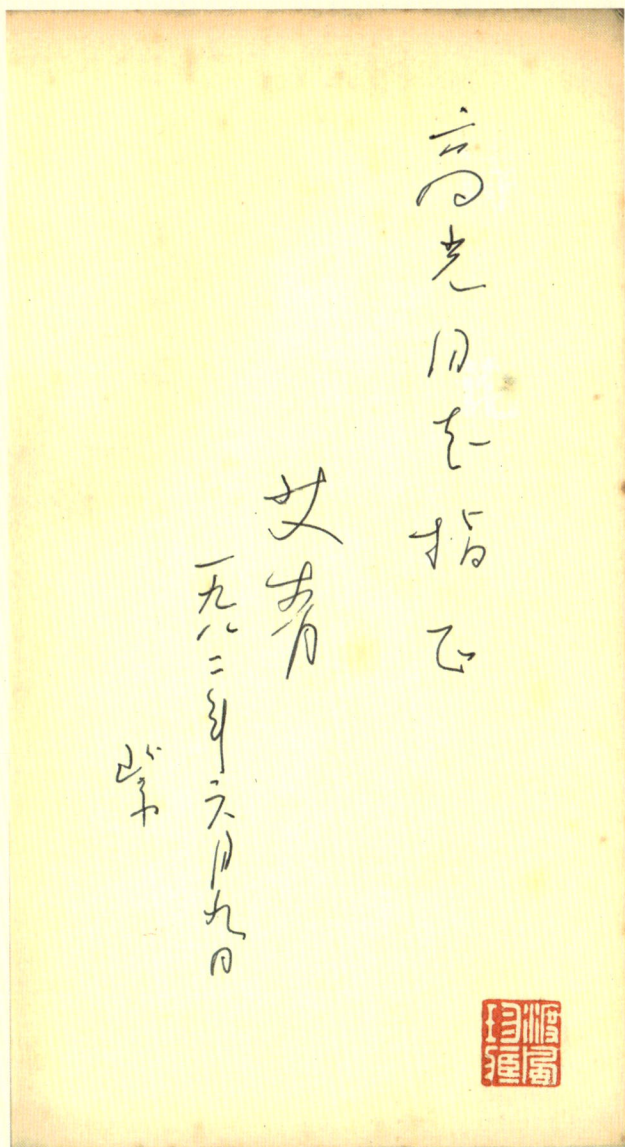

艾青签名本《诗论》致高光先生

著名诗人艾青的《诗论》是一部诗歌理论集，其中最早的文章写于1938年，是艾青自己对诗歌形式、内容、风格等的独特的思考。此书的受赠者高光，时任浙江省作家协会副主席。

第二章

时光里，
藏着万般滋味

Lǎo Shè
老舍

人物简介

老舍（1899—1966），原名舒庆春，字舍予，北京人，著名文学家、剧作家，也是新中国第一位获得"人民艺术家"称号的作家。毕业于北京师范学校。1924年赴英国伦敦大学亚非学院任教，并开始从事文学创作；1930年回国，任齐鲁大学教授，1934年任山东大学教授。新中国成立后，曾担任中国作协副主席、北京市文联主席。

作品

代表作有长篇小说《骆驼祥子》《四世同堂》，话剧《茶馆》《龙须沟》等。

选入语文课本篇目

四年级《猫》《母鸡》，五年级《他像一棵挺脱的树》，六年级《草原》《北京的春节》，七年级《济南的冬天》及名著导读：《骆驼祥子》圈点与批注。

老舍：
自称"写家"的大作家

老舍写过一篇精短的自传，语言诙谐幽默，妙趣横生。这既显示了他乐观开朗的性格，又体现了他谦逊坦诚的可贵品质。其全文如下：

"舒舍予，字老舍，现年四十岁，面黄无须。生于北平，三岁失怙（hù），可谓无父。志学之年，帝王不存，可谓无君。无父无君，特别孝爱老母，布尔乔亚之仁①未能一扫空也。幼读三百千，不求甚解。继学师范，遂（suì）奠（diàn）教书匠之基。及壮，糊口四方，教书为业，甚难发财。每购奖券（quàn），以得末彩为荣，示甘于寒贱也。二十七岁，发愤著书，科学哲学无所懂，故写小说，博大家一笑，没什么了不得。三十四岁结婚，今已有一女一男，均狡猾可喜。闲时喜养花，不得其法，每每有叶无花，亦不忍弃。书无所不读，全无所获，并不着急。教书作事，均甚认真，往往吃亏，亦不后悔。如是而已，再活四十年也许能有点出息！"

---

①布尔乔亚之仁：资产阶级所吹捧的仁爱。

抗日战争期间，老舍曾在他的另一篇文章里剖析自己，同样显得非常谦逊："我是文艺界中一名小卒（zú），十几年来日日操练在书桌上与小凳之间，笔是枪，把热血洒在纸上。可以自傲的地方，只是我的勤苦；小卒心中没有大将的韬（tāo）略，可是小卒该做的一切，我确是做到了。以前如是，现在如是，希望将来也如是。在我入墓的那一天，我愿有人赠给我一块短碑，上刻：文艺界尽责的小卒，睡在这里。"

　　此文跟前面那篇小传一样，既虚怀若谷，又亲切生动。

　　有一日，老舍家里来了许多慕名而至的文艺青年，向他请教该怎么写诗。他谦逊地说："我不会写诗，只是瞎凑而已。"有人马上提议，请他当场"瞎凑"一首。他不得不写："大雨洗（xiǎn）星海，长虹万籁（lài）天，冰莹成舍我，碧野林风眠。"（大雨，孙大雨，诗人。洗星海，人民音乐家。长虹，高长虹，作家。万籁天，戏剧、电影工作者。冰莹，谢冰莹，女作家。成舍我，时任重庆《新蜀报》总编辑。碧野，黄潮洋，作家。林风眠，画家。）

　　他随口吟出这首风格别致的五言绝句，寥（liáo）寥二十字，却将8位文艺家的名字"瞎凑"在了一起。全诗形象明晰、意境隽（juàn）永、余味绵长。大家听了，无不拍案叫绝，鼓掌喝彩。

1979 年，老舍的挚友、大戏剧家曹禺（yú），在纪念老舍 80 岁诞辰之际撰（zhuàn）文，以《我们尊敬的老舍先生》为题发表于《人民日报》。文中有这样一段话："老舍先生从不称自己是'作家'，他好称自己是'写家'，我理解这是他的谦虚，意思是他只是写东西，而他的作品不一定如何了不起。但我们看，他的作品有些将是永垂不朽的。"

老舍去世后，最令他儿子舒乙难忘的，就是父亲的谦逊低调和平易近人。舒乙在《我的父亲老舍》中写道："父亲的谦虚，使他成为一位真人，成为一位既有可爱的、幽默的性格，同时又有伟大成就的真人。"

舒乙回忆，老舍每写完一本书，总要作篇附记，剖析自己是如何写这本书、如何设立书中角色的等。舒乙说："他写附记，就是在检讨自己的缺点。在我们看来，他有些书已经写得很完美了，但他却一直认为不够好。他还曾告诉过我，写作对他而言就是一个职业，一个吃饱饭的手段，一个活儿，就像木匠、车夫一样，只是术有专攻而已。"

读有所思

文中这些事例都说明老舍确实是个很谦逊的人。他曾写过这样一句话："一个真认识自己的人，就没法不谦虚。"无论对于多么伟大的人物，谦逊都是一种非常可贵的品质，这种品质不会因地位、名气的改变而改变。谦逊可以使一个人从平凡走向辉煌，而狂妄和自负则往往使一个人从峰巅滑向深渊。我们青少年学生，无论是在长辈还是同辈面前，都要学会谦逊恭敬，这是一个人高尚品德和优良素质的体现。

我的感悟

老舍名言
míng yán

谦虚使人的心缩小，像一个小石卵，虽然小，而极结实。结实才能诚实。

哲人的智慧，加上孩子的天真，或者就能成个好作家了。

不随时注意观察，随时记下来，哪怕你走遍天下，还是什么也记不真确、详细，什么东西也写不出。

二十世纪三四十年代，北京北新书局出版的《青年界》杂志曾向老舍催过稿。老舍先生在寄稿的同时，还附去一封带戏曲味的答编辑催稿信：

"元帅发来紧急令：内无粮草外无兵！小将提枪上了马，《青年界》上走一程。呔（dāi）！马来！参见元帅。带来多少人马？两千来个字！还都是老弱残兵！后帐休息！得令！正是：旌（jīng）旗明日月，杀气满山头！"

这封回信写得诙谐（huī xié）幽默、妙趣无穷。不但完成了杂志的稿约，又对人家表示了尊敬，自己则依然谦逊。像这样的好作者，哪有编辑不喜欢呢？编辑看了后，自然是扑哧（chī）大笑、十分开心。

小学四年级语文教材收入了老舍先生的散文《猫》，惟妙惟肖地描绘了小猫惹人喜爱的神态举止，生动具体，十分逼真，字里行间洋溢着作者对小猫的喜爱之情。还有《母鸡》，采取先抑后扬的写作手法，写了作者对母鸡由"讨厌"到"不敢讨厌"的情感变化，用前后的强烈对比，加深了对母爱的赞颂。这些文章，都反映了老舍先生高超的写作能力与幽默诙谐的写作风格。

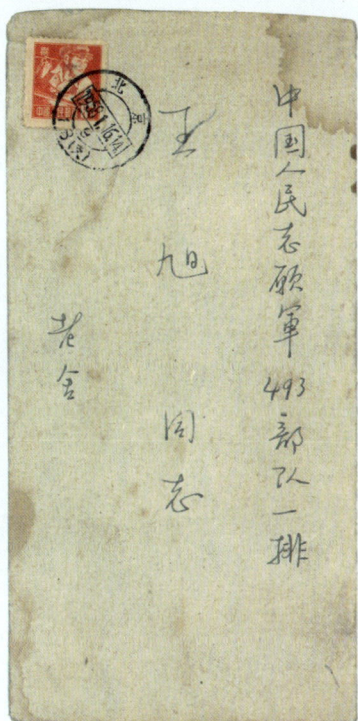

习写杂文，把语言文字写通顺了再进行写小说。若学文字还石顺畅，写出来的东西须用旁人稍加工，你永远无旅独立地写作，必甚痛苦。若稿另行抄寄远，希望您想我极忙，未暇代阅。为盼！远敬弱礼！

老舍 一.志.

中国人民志愿军 493 部队一排

王旭 同志

老舍

老舍写给志愿军战士王旭的书信一封，附信封

手迹解读

　　此信写于1958年1月，是老舍先生少有的给读者的回信。老舍时任北京市文联主席，信中提到出版社将为其出版文集，故他工作几度繁忙等内容，虽收到王旭寄去的书稿但无法通篇阅读。在看过开头后，老舍对他的文学创作提出意见，其中还谈及了在写作中对方言的运用建议。

　　王旭，芜（wú）湖人，志愿军战士，退伍后曾任芜湖印染厂工会主席，现已去世。

王旭同志：

尊稿及时南先后收到。我因工作极度繁忙，一九五七年去版社制定计划，印我的文集，早将我的旧作品都送来，嘱我送编。一直到今天，那两毛书还没有打开。我根本对不起处版社，耽误了他们的出版计划的执行。对我自己也不利，早失出早得报酬呀。再是，我不出当时向作这件事。您看，我的确没有时间，愿等稿，无此为歉！

拙看了开首的两岂，觉得有不少土话和错别字。地方土话，各地读者未必都够了解，易说是推行普通话的作利。

否。土话亦适用，但经有选择否否多。经建议：您名先练

习写雅文，把谚言文字写通顺了再进行写古浣。若学文字还
不顺主，写出来的东西须由旁人修加工，很永远不能独立地写作，
必然庸著。若符另行拟为小事迅，希望您继续我极此，书稿代阅
为盼！此致

敬礼！

　　　　老会 八．六．

社、耽误了他们的出版计划的执行。对我自己也不利，早出书

出版社

选编。

王旭同

Féng Jìcái

冯骥才

人物简介

冯骥才，1942年出生于天津，祖籍浙江宁波，当代著名作家、画家、民间文艺家、社会活动家。毕业于塘沽（gū）一中，后在天津市男子篮球队任中锋，再入天津书画社专事绘画。历任中国文联副主席、天津文联主席、中国民间文艺家协会主席。

作品

著有短篇小说集《俗世奇人》，小说《铺花的歧（qí）路》《雕花烟斗》《高女人和她的矮丈夫》《雪夜来客》《神鞭（biān）》《单筒望远镜》等。

选入语文课本篇目

四年级《挑山工》，五年级《珍珠鸟》及《刷子李》。

冯骥才：
捅马蜂窝的教训

　　冯骥才先生不仅是一位才学了得的作家，还是一位卓（zhuó）有成就的画家、民间文艺家和社会活动家。他不但从事文学创作与绘画创作，还把大量的时间和精力投入民间艺术的研究、传承、发展以及非物质文化遗产的保护、开发等工作中，被誉为"中国古村落保护第一人"。不仅如此，他还长期担任中国文联副主席、中国民间文艺家协会主席等重要职务。

　　曾任文化部部长的著名作家王蒙说过："冯骥才从精神上更像是个孩子，他懂得尊重别人，这正是他的魅力。"著名教育家朱永新也说过："冯骥才先生是中国文化的精卫，他不知疲倦地填中国文化和中国教育的'海'。"

　　在那不谙（ān）世事的少年时期，冯骥才曾是个调皮捣蛋的小顽童，犯过不少错误。在成长的过程当中，他不断纠正错误、吸取教训。成了文艺大家的他，懂得尊重别人，并以自己的实际行动和所创作的文艺作品去影响、感染别人。

　　幼时的冯骥才，经常跟妹妹去祖父家玩。祖父家有套宅子，内院虽说不是非常大，却是蜜蜂、蝴蝶、小鸟、虫儿们的乐园，也是他和妹妹的一片童年乐土。尤为壮观的，要数那檐下的马蜂窝。一群金黄色的马蜂，大概有百十来只，在那里忙来忙去、飞进飞出，弄得祖父平时都不敢开窗，生怕它们当中哪个冒失家伙突然袭（xí）进房来。而调皮的冯骥才却涌起了一股捅掉马蜂窝的强烈渴望，他想："那多有趣啊！"

冯骥才被自己这个既豪气又任性的想法鼓捣得难以抑制。说干就干！一天晌午，趁着祖父还在午睡，冯骥才找来妹妹，两人蹑（niè）手蹑脚地来到门口。他脱下衣服罩住头顶，用前襟遮住下半张脸，仅露出一双眼睛；又把两根竹竿接绑起来，作为捣毁蜂窝的"秘密武器"。

冯骥才和妹妹商量好，由妹妹藏在门缝后边，守住关口。待他一捅下蜂窝，妹妹就立刻开门放他进去，然后两人把门关上，将马蜂挡在房外。于是，妹妹飞速藏到门缝后边，看着哥哥这英勇而冒险的行动。冯骥才一开始也有些迟疑，毕竟马蜂可不是好惹的，但最后好奇还是战胜了害怕，再说妹妹还在一边佩服地盯着他呢。

竿头触及马蜂窝的那一瞬间，他似乎听见了祖父在房内厉声呵斥。但他已顾不得别的，继续猛戳（chuō），只见一些受扰的马蜂"轰"地飞了起来。冯骥才迅速拿竿头抵住马蜂窝，用力摇了两下。只听"嗵"一声，一个沉甸甸的东西突然掉落在地。紧接着，一只只马蜂像一架架小"战斗机"，扑面而来，汹涌而至。

见此情景，冯骥才立刻扔掉竹竿，往门口跑去。谁料妹妹因为害怕，将门从里边闩（shuān）上，自个儿跑了。嘿，麻烦了。冯骥才被关在了门外。

几只凶猛的马蜂，"嗡嗡嗡"朝冯骥才径直扑来。这些"复仇者"不顾一切的气焰，顿时使他惊愕（è）不已。他刚想举手捂住脸部，就觉眉心处针扎似的剧烈一疼。他掩着脸，放声哭喊。直到祖父跑来开门，才把他拖进了房里。

当夜，冯骥才就发起了高烧。他的眉头肿了个大包，大到自个儿都能用眼瞧见。家人不停地用凉毛巾、万金油、醋、酒等擦拭，也没能使那肿包消退下去。第二天家人请来医生给他打针吃药，直到七八天后他才渐渐康复。

这次事件后，冯骥才害怕了，好几天都不敢去那通向后院的走廊，生怕那群"复仇者"还守在那等着自己。

之后一年，他经常站在祖父内院里东瞧西望，但始终没再飞来一只马蜂。第三年开春，一个风和日丽的日子，祖父让冯骥才仰头去看屋檐。他隔着窗玻璃，看见檐下几只金黄色的马蜂正飞来飞去。他忽然看到，一个小巧的银灰色马蜂窝已然筑成。祖孙俩双双站立，咧嘴而笑，无比开心。

冯骥才在心里悄悄告诫（jiè）自己，以后再也不干一件危害他人的事情，包括伤害马蜂这样的小生灵。

这么一件小事，给年幼的冯骥才留下了一个深刻的教训，那便是不要欺负弱小者。马蜂虽小，但它们也是生命，也有生存权。这个世界是由人类与无数动植物组成的，缺一不可。人与自然应该友好相处，不要彼此伤害。我们同样要学会善待所有人、所有生灵，这样才会让我们生活的这片天地充满爱！

我的感悟

冯骥才名言
ming yan

玻璃杯里盛满了阳光，依然是空的。

保存岁月最好的方式是致力把岁月变为永存的诗篇或画卷。

大风可以吹起一张白纸，却无法吹走一只蝴蝶，因为生命的力量在于不顺从。

名叫莫拉的这位老妇人嗜书如命。她认真地对我说：

"世界上所有的一切都在书里。"

"世界上没有的一切也在书里，把宇宙放在书里还有富余。"我说。

她笑了，点点头表示同意，又说：

"我收藏了四千多本书，每天晚上必须用眼扫一遍，才肯关灯睡觉。"

她真有趣。我说：

"书，有时候不需要读，摸一摸就很美，很满足了。"

她大叫："我也这样，常摸书。"她愉快地虚拟着摸书的动作。烁烁目光真诚地表示她是我的知音。

谈话是个相互寻找与自我寻找的过程。这谈话使我高兴，因为既找到知己，又发现自己一个美妙的习惯，就是摸书。

——节选自冯骥才《摸书》

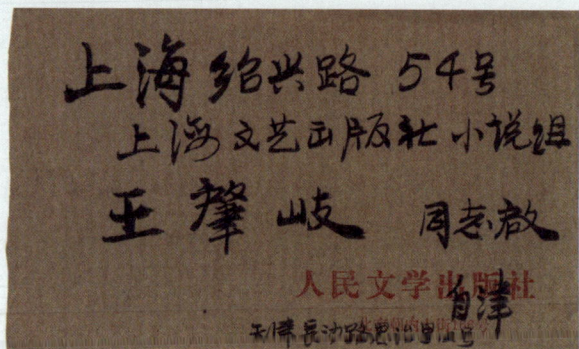

冯骥才1978年12月4日致王肇（zhào）岐书信一封，附信封

手迹解读

这封信写于中共十一届三中全会召开前夕。在信中，冯先生高兴地提到了上海文艺界的活跃情况，并对未来社会将形成的新局面充满了信心。这一年的8月11日，卢新华的短篇小说《伤痕》在上海《文汇报》上发表，引起了强烈反响。上海作为全国改革开放的排头兵、创新发展的先行者，一直走在时代前列，对文艺事业的复苏与繁荣起到了带头作用。

人民文学出版社

北京朝内大街166号　　电报挂号2192

王肇岐同志：

您好！

在津伏日下握手一别，须臾间岁终将至。想，您一切都好吧！

今日见到靳濡同志，她告诉我您曾在临离道上诸事去信和书。可惜都没有收到。这一阶段，我常往返京津。地震前中破坏的房屋修好，便搬回去了。目前通讯地址是"晨功路恩沿里12号"。

我给人文社写的那篇为港已定稿。前几天又写了一个短篇给《小说月报》寄去。这阵子忙于未完成的一部长篇。我曾回营老您写一个中篇，是决不食言的。只请您放宽些期限。待我把手边欠债还清，就动笔。

上海文艺界颇活跃。近来从报刊文论上

人民文学出版社

北京朝内大街166号　　电报挂号2192

看到这种泵气，委会人高兴。文艺繁荣取决于社会上的民主空气。否则不单文艺萧条，举凡如有绳拿，语气和通快，何以真情感人？天津有些报刊渐发荣，此水中已见清流。若有刊得繁的局面，恐怕还要拭首前。

您近在编什么稿子。您社有什么会打响的亲炮作品唱？

另有一事相烦。您社出版的《外国短篇说》，我买了上中两册。下册没有买到。如您方代京，请告知。我即汇款给您。不多说。有事请来信。欢迎请来作客。

工作顺利

冯骥才
1978.12.9

贾平凹

Jiǎ Píngwā

人物简介

　　贾平凹,1952年出生于陕西丹凤,当代著名作家。毕业于西北大学中文系。1973年开始发表作品。曾任全国人大代表,中国作家协会副主席,陕西省作家协会主席,《延河》《美文》杂志主编。

作品

　　出版作品有《贾平凹文集》24卷,代表作有长篇小说《废都》《秦腔》《古炉》《高兴》《带灯》《极花》等,中短篇小说《黑氏》《美穴地》及散文《丑石》《天气》等。

荣誉

　　作品曾获茅盾文学奖、鲁迅文学奖、全国优秀短篇小说奖、全国优秀中篇小说奖、全国优秀散文（集）奖、施耐庵文学奖、朱自清散文奖等多个奖项。

选入语文课本篇目

　　五年级《月迹》,七年级《一棵小桃树》。

贾平凹：笔下的四位作家好友

    中国当代文坛上有陕军"三驾马车"说法，指的是陕西文坛三位最有成就的作家：路遥、陈忠实、贾平凹。其中，路遥在1991年凭长篇小说《平凡的世界》获第三届茅盾文学奖，陈忠实在1998年凭长篇小说《白鹿原》获第四届茅盾文学奖，贾平凹在2008年凭长篇小说《秦腔》获第七届茅盾文学奖。

    他们三人曾是多年的同事、文友和好友。如今路遥、陈忠实已先后驾鹤西去，贾平凹都写了文章纪念他俩。

    路遥于1992年去世，年仅43岁。2007年路遥逝世十五周年，贾平凹撰写了文章《怀念路遥》，篇幅并不长，却接连用了12个"想起"，回忆他俩交往多年的经历，以及点点滴滴的生动细节。在此文里，路遥鲜明的个性、出色的才华，贾平凹均给予了热情的赞颂。文章情意深切，感人肺腑。

    他写道："……他（路遥）是夸父，倒在干渴的路上。他虽然去世了，他的作品仍然被读者捧读，他的故事依旧被传颂。"

    他又写道："陕西的作家每每聚在一起，免不了发感慨：如果路遥还活着不知现在是什么样子？这谁也说不准。但肯定的是他会写出更多更好的作品，他会干出许多令人佩服又咋（zé）舌的事来。"

他还写道："路遥是一个大抱负的人，文学或许还不是他人生的第一选择，但他干什么都会干成，他的文学就像火一样燃出炙（zhì）人的灿烂的光焰。"

陈忠实于 2016 年去世，享年 74 岁。在陈忠实的追悼会上，贾平凹致悼词，深情而又伤感："面对着陈忠实的离去，作为同辈人，作为几十年的文友，到了这个年纪和这一时刻，我真切地感受到什么叫黯（àn）然神伤，什么叫无声哭泣。"令在场的人唏嘘（xī xū）不已。

贾平凹高度评价这位多年的同事："他是关中的正大人物，文坛的扛（gāng）鼎角色，在感念着他作为一个作家的丰功伟绩，我就想到一句词：水流原在海，月落不离天。"

除了路遥、陈忠实、贾平凹三位，陕西文坛还有一位名家，就是著有长篇小说《保卫延安》的杜鹏程。杜鹏程既是贾平凹的益友，更是他的良师。因为两人相差三十多岁，杜鹏程也算得上是贾平凹的老大哥了。

贾平凹在《怀念杜鹏程》一文中，非常传神地描绘他："眉毛很高，不是线状，而是粗短，如墨笔重点。不知怎么，我一见他这眉毛，总觉得文曲星的眉毛，就该是这样的呵！"

他还这样描述杜鹏程这位关中文坛前辈、自己的老大哥："他年轻时写作玩了命，常常带了馒头，把自己关在小屋里，几日几夜不肯出来，他的每部作品都是拿自己的健康和上帝交易。"这样用功的作家，怎么会写不出好的作品呢？

贾平凹的第四位作家挚友，是部队出身的山东籍作家、先后获得茅盾文学奖和诺贝尔文学奖的莫言。好多年前，他俩还不熟。有一次莫言要去新疆，路过西安，发电报给贾平凹，让他到火车站接自己。贾平凹就在一个纸牌上写了"莫言"二字，并举着它，在车站转来转去，等着莫言。一个上午，贾平凹没说一句话，好多人直瞅着他，也不说话。那天莫言因故未能到西安，直到快下午了，贾平凹才迫不得已问旁人列车到站了没有。那人指着牌子上的"莫言"，说不就是别说话嘛。贾平凹总算明白过来，自顾乐了。

对于莫言获得诺贝尔文学奖，贾平凹给予了很高的评价："中国出了个莫言，这是中国文学的荣耀。百年以来，他是第一个让作品生出翅膀，飞到了五洲四海。天马行空沙尘开，他就是一匹天马。"

他还由衷地祝福莫言："莫言是为中国文学长了脸的人，应该感谢他，学习他，爱护他。祝他像大树一样长在村口，是我们辨别村子的方位"。

都说文人之间很难相处，因为很多人都认为自己才华盖世，对别人不服气。可是，看看贾平凹与几位作家朋友，他们之间的友谊是多么深厚、感情是多么真挚！包括贾平凹在内，一方面他们本人勤奋、有才华、成就大，另一方面他们又谦虚、埋性，对同样优秀的作家非常尊重，更愿意肯定对方的才学，大家还结成了好友，互相学习、共同进步。我们同学之间，是不是也应该这样呢？

我的感悟

贾平凹名言
míng yán

睡在哪里，不都是睡在夜里？

善或许得不到回报，但可以找到安慰。

弱者都是群居者，所以有芸芸众生。

1990 年 12 月，贾平凹从乡下回到西安，蓦（mò）然发现报纸上一篇署名孙聪的文章《三毛谈陕西》。他将此文读完，发现后半部分内容竟大多是写的他。

在文中，三毛说："我特别喜欢读陕西作家贾平凹的书。"她还告诉孙聪："在台湾只看到了平凹的两本书，一本是《天狗》，一本是《浮躁》。我看第一篇时就非常喜欢，连看了三遍，每个标点我都研究，太有意思了，他用词很怪可很有味，每次看完我都要流泪。"她还特别提到，普通话念凹为（āo），但她听北方人都念凹（wā），觉得亲切，所以她也一直念平凹（wā）。

读罢这篇文章，贾平凹并未因三毛的评价而扬扬得意。但对于她这样一个台湾同胞，一个本已声名远播的作家，贾平凹感动于她的真诚、直率和坦荡，为能得到她的理解而高兴。

不久，贾平凹见到了此文的作者孙聪，得到三毛在台湾的家庭地址，马上给她打包寄了自己的四本著作过去，并欢迎她来陕西做客。可是，信寄出去还没多少天，他就从报纸上看到消息：三毛去世了！

贾平凹感到十分遗憾，对三毛的逝世深感悲痛。

古剑兄：
    你二大札收
终日躺床吊针，
    ……活泛，
搞了一下
……跋两
……感谢兄
……为书地
……定而效
……，还有，
……1973年8
……篇名
……室一篇
……彻底结束

西安市寒村展社会

古剑兄：
    你二大札收到后，我患了急病住进了医院，终日躺床吊针，无情完成你二差术。现四十多天，精神活泛，趴在病床终算把序和评记目录搞了一下。因动不得，思维不清，序改了改跋两遍。字也潦草不堪，见谅。
    十分感谢兄之感情了！
    至于为书地文字写耙一之，待我出院康复后定而效力。
    哦，还有，我二第一届作品发表的时间是1973年8月，刊物为陕西省《群众艺术》。篇名是《一双袜子》，还不是小说，是一篇"革命故事"，当时文化革命还未彻底结束，没有小说，只兴革命故事。
    祝
        好！
                贾平凹
                88.9.14

贾平凹致古剑书信一封

我患了急病住进了医院，
成绩=手术。现の十多
而床终算把序和详
不扎。因此不访，序
也潦草不堪，乞谅。

事了！

稿一了，待我出院

第一届作品发表の
物为陕西省之"群
双裤子办，还不是
事"，当时文化学年
小访，只觉茸华的

妹！

贾平凹
88.9.14

手迹解读

贾平凹是当代著名作家。20世纪90年代因出版《废都》而声名大噪（zào）。1988年，贾平凹开始创作他的第三部长篇小说《忙忙人》，后因病住院，《忙忙人》因此中断而成未竟稿。这封致香港作家古剑的回信正是写于此时，信里他提到自己第一篇作品的名称及发表情况，细心的同学是否发现他信里提到第一篇作品的发表时间和其他地方的简介里有所不同？这就更具史料价值了。而就在这封信写完不久，他凭借《浮躁》获得了第八届美孚飞马文学奖铜奖。

Tán Gē
谈歌

人物简介

　　谈歌，原名谭同占，1954 年出生于河北龙烟铁矿，祖籍河北完县（今顺平），著名作家。现任河北省作家协会副主席。

作品

　　已出版长篇小说、中篇小说集、短篇小说集、诗集、报告文学集、剧本集、散文集三十余种。代表作品有小说《大厂》《家园笔记》《票儿》，随笔集《一吐为快》等。部分作品被译为英、法、日等国文字在海外发表、出版。

选入语文课本篇目

　　六年级《桥》。

谈歌：
不管什么时候都要读书

著名作家谈歌是河北文坛"三驾马车"之一，他的短篇小说《秦琼卖马》作为试题入选 2021 年高考语文全国乙卷。

谈歌最早读到的书，是家里那本破得不能再破的族谱。他曾好奇地翻过，里面大概是上溯(sù)了八九代先辈。但他翻过之后颇有些泄气，因为列祖列宗里并无什么显赫人物，只出过一个县衙门的师爷。

童言无忌，谈歌当时直截了当地问他祖父，先辈里怎么没出几个读书人，或是做大官的，祖父一时有些生气，就从一个破箱柜里翻出几册线装书，有《论语》《大学》《中庸》，封面上用毛笔写着一个先辈的名字。祖父很自豪地看着谈歌，意思是说，咱们先辈里还是存在有出息的人物，虽然他也不能完全证明。

谈歌的老家完县属于山区，是抗战时期有名的敌后根据地，出过许多叱咤风云的抗日英雄。谈歌小时候常唱的《放牛的孩子王二小》中的"王二小"，据说就是他老家附近的人。他后来也找了不少关于王二小的小人书来看。

他在《我是如何长大的》一书里说到了很多童年趣事。在老家，谈歌结识了好伙伴王志刚，从他那里知道了许多知识。比如《三国演义》《水浒传》等古典小说，就是在王志刚家看到的。谈歌这才明白，原来诸葛亮"七擒孟获"的故事是《三国演义》里的。

后来开学了，谈歌想办法找来了这些书，一知半解地读完了。直至现在，他对这些书仍记忆犹新，这与他的好伙伴王志刚，以及两人的历历往事息息相关。

又过了几年，谈歌从宣化铁厂第一小学转到米世街小学念书。有个叫董成福的朋友家里有不少书，他便常去借。其中有本《李润杰快板书选》。谈歌从小就很喜欢天津著名快板表演艺术家李润杰先生。他如获至宝，赶紧取来认真阅读。那时谈歌记忆力非常好，背下了李先生的不少名段子，如《劫刑车》《巧劫狱》《智取大西礁》等。谈歌还自己找竹片刮了副板子，想好好学习一下打快板。他很想成为李润杰那样的快板专家。

有段时间，谈歌迷上了看小人书，从中知道了秦始皇、李斯、刘备、杨继业、宋江、岳飞、秦桧等历史人物。他至今还记得，一套《三国演义》是六十本，《水浒传》是二十一本，《杨家将》是六本，而且每一册的书名，他现在还能背下来。小人书算是他最早系统地、有规模地阅读过的书。

偶尔，小伙伴还会因小人书吵闹甚至打架。有一次，王志刚找到谈歌家，说张小旺借了他一本《千里走单骑》（谈歌清楚记得，这是《三国演义》第十七册），把后边撕掉了几页，令他十分恼火。谈歌为息事宁人，劝他算了，说自己这里也有一册，不过已没有头尾，干脆赔给他。这时，张小旺刚好到谈歌家来玩，王志刚见他立马发火，两人吵了起来。

此时，杨永明叔叔刚好在谈歌家探望他的父亲，见他们几个小朋友如此喜欢看书，十分欣赏，便让谈歌今后去他那里学习。他是他父亲那代人中最有学问的，也是谈歌一生中顶顶重要的一个人物。因为杨叔叔，他在那艰难的岁月里静静读了很多好书。他不但送了谈歌一套吴晗主编的《中国历史常识》，还送了谈歌一本集邮簿，谈歌又用它在同事那换了两本好书，一本是吴晗的《朱元璋传》，另一本是《青年作家小说选》。这些书对后来谈歌了解中国历史、从事文学创作都有很大的帮助。

读有所思

　　谈歌在杨永明叔叔那里读了不少好书，从此悄悄喜欢上了文学，并渐渐走上创作道路。杨叔叔在读书方面对谈歌的影响自然很大，但影响更大的还是他对谈歌说过的话，比如："不管什么时代，你都要读书，不读书是不对的。现在我给你讲的这些，都是书上的。你如果读了书，这些你也会讲了。"这些话让谈歌刻骨铭心，并成为他的精神支柱。他明白，不管在什么时候，知识总是有作用的，人有了知识，才能做更多的事情。小读者们，你们明白这些道理吗？

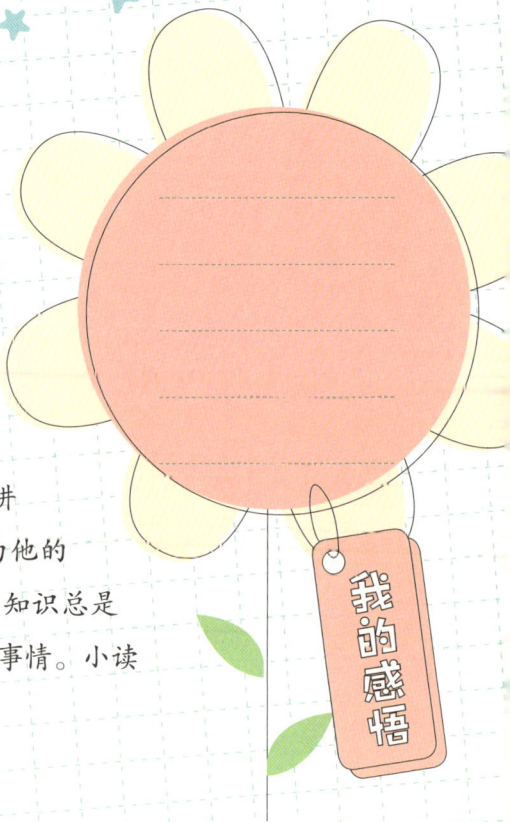

我的感悟

谈歌名言
míng yán

　　小小说写作，语言一定要精当、简洁、明快。

新华网：您作为现实主义作家，在创作当中是如何协调写实与艺术的关系的？

谈歌：写实和艺术两者并不是对立关系。一个具备了一定文学修养的作家，只要用心去体会，用心去领悟，用心去表达，不要敷衍，不要搪塞，在自身的文字实践中就能很好地处理写实与艺术的关系。

新华网：作品的风格与作者的性格是分不开的。您的作品风格硬朗、简洁，语言有极强的节奏感和画面感，这是您个人性格的体现吗？您在生活中是一个什么样的人？

谈歌：应该分不开，我整个人性格急躁，做事干脆，不喜欢拖泥带水。体现到我的作品中就是文字简洁自然，很少长句子和大段的描写性语言，就事论事，一语中的。

新华网：您一直强调小说要与大众对话，与生活接轨。能否结合您的作品，具体谈谈您在这方面是如何做的。

谈歌：我写的东西要让人看明白，不玩文字游戏，我相信文以载道，你看我的小说集《绝唱》和《人间笔记》就有些体会。小说必须与大众接轨，不然就是死路一条，作家的作品，读者不看，作家完蛋。

努力进步

一小沫彤小友
共勉

谈歌

【碣成】

努力进步

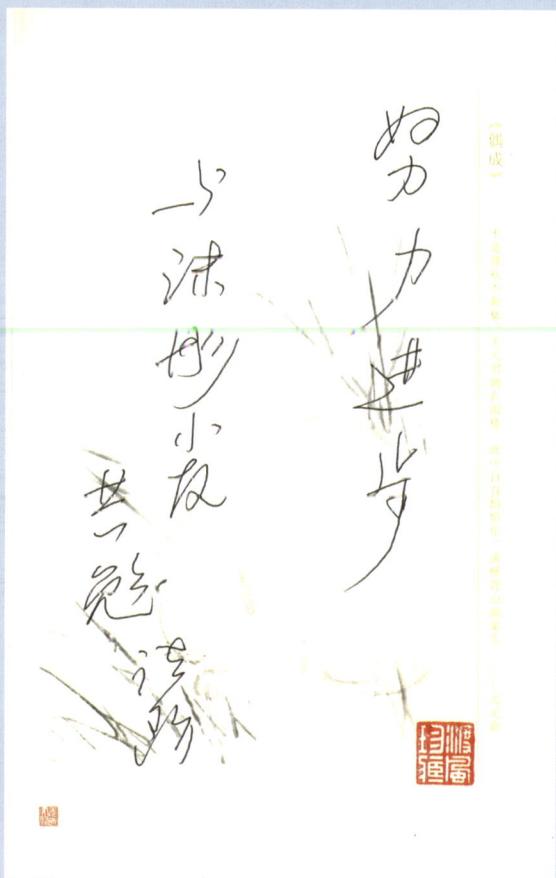

著名作家谈歌写给长沙麓山国际实验小学陈沫彤
小朋友的寄语

Zhāng Zhīlù
张之路

人物简介

张之路，1945 年生于北京，祖籍山东诸（zhū）城，著名儿童文学作家。毕业于首都师范大学物理系。任中国作协儿童文学委员会副主任、北京市作协儿童文学委员会主任、中国影协儿童电影委员会会长等职。

作品

著有长篇小说《霹雳（pī lì）贝贝》《第三军团》《非法智慧》《蝉为谁鸣》《足球大侠》等，其中不少小说已被改编为影视剧。

选入语文课本篇目

三年级《在牛肚子里旅行》。

张之路：
科学与文学相结合

　　长篇小说《霹雳贝贝》是著名儿童文学作家张之路的代表作之一，曾经被改编并拍摄成同名电影。许多人就是通过这部小说改编的电影了解张之路的。

　　据张之路自己回忆，他创作《霹雳贝贝》大概是在 1987 年前后。他当时在中国儿童电影制片厂，担任文学部主任。儿影厂厂长名叫宋崇（chóng），也就是后来电影《霹雳贝贝》的导演。

　　有一天，他俩在参加文学部的选题会时，张之路问宋导演："假若有个小孩身上带静电，这静电还特别强，后来发生了很多好玩的事情，你觉得这个故事咋样？"宋导演听了马上产生了兴趣，让张之路详细说说，于是张之路就把自己的所思所想一五一十说了一遍，前后讲了有十几分钟。宋导演听完立马从椅子上站起来，非常激动地说："好，你赶快写本子，写完了我来拍。"

　　人的身体有时会带静电，这是张之路本人在日常生活中体验到的。他每天下班骑自行车回家，开信箱的时候常被电一下，开门的时候又被电一下，有时还能看见小小的蓝色电火花。可如果张之路只停留在这个常识层面上，想必就没有《霹雳贝贝》的出现了。因为是学物理出身，这时候他就比别人多想了几步。他联想到：假若这是发生在一个小孩身上呢？而且，这小孩身上的静电还不是一般的强，强到连他父亲都不敢去亲他，母亲也不敢去抱他，这是不是就很有意思了呢？这真的是一个很吸引孩子的奇思妙想，所以当他把想法跟宋导演说了以后，导演就鼓励他赶快创作出来。

在创作的过程中，张之路也碰到了很多难题。在克服难题的过程中，他常常想：如果只是写一个小孩如何神气，可能这个片子也会很好玩，但是总觉得缺少点什么内涵。比如作为主人公的小男孩贝贝因为带电，很神奇，很好玩，但是他因此就不能与别人交往了吗？他难道是孤零零一个人在世界上吗？于是，在反复思考抉择（jué zé）之后，张之路就加上了贝贝渴望友谊这条故事线，故事的结尾贝贝实现了自己的愿望，但是却再也没了电。张之路原以为这个设定能让这个片子内涵更加丰富，可是很多小读者在看完《霹雳贝贝》以后都表示并不希望贝贝最后没了电，他们还是希望他有电。

由此张之路发现，孩子们的想法跟成年人还真是不一样。

在创作《霹雳贝贝》以前，早在20世纪80年代初，张之路就曾写过一系列作品，在好玩的故事中介绍一些科学知识。比如在《一个哭出来的故事》中告诉小朋友，盐是由海水晒成的；在《彩虹》这个故事里，他又试图告诉小朋友，太阳光有七色光彩……这些文章总共十几篇，大都比较短小，以有趣的故事为主，在类似聊天一样的对话中无意识"带出来"种种科学知识。当然比较有名的还是创作于1983年，被我们语文教材选作课文的《在牛肚子里旅行》。

张之路平日里也常与小朋友交流对话，他会经常告诉他们："作为'小大人'，我希望你们有'三想'。第一，要有理想，就是对未来有计划、追求；第二，要有思想，就是不要人云亦云，要有独到见解；第三，要有幻想，幻想和想象对一个人的成长是非常有必要的，所以我们常说明天会更美好。"

读有所思

张之路毕业于首都师范大学物理系，又当了近十年的中学物理老师，可以说是典型的"理工男"。但后来他进了儿童电影制片厂工作，改行当了文学编辑和编剧，成了儿童文学作家。应该承认，科学的思维和文学的思维是有巨大差异的。可是，若能把这两种思维结合起来，让科学和文学相互发生碰撞，那就能产生许多意想不到的智慧火花。张之路想到了，也做到了！他的几十部书、几百篇童话作品，就是科学和文学相结合的优秀产物。

我的感悟

张之路书中好句

shū zhōng hǎo jù

七尺男儿不为民，愧对父母枉（wǎng）为人。世间自有正气在，路见不平有须眉。

我哭了，我真的号啕（háo táo）大哭起来，雪花和泪水一起落在玻璃罩上。我从来没有这样伤心过。

西直门是个很高很大的城门楼，青灰色的城墙那么厚实。站在它跟前，不用说话，你就会觉得，那是一个穿越了几千年的老人端坐在那里，岁月沧桑，不言自明。但是你觉得它还活着，甚至能感到它的呼吸。

关于今天的孩子该如何阅读，作家张之路也有自己的看法：

从长远来说，阅读是让人一生都受益的事情。人要获得幸福，读书大有好处。读书可能有急功近利的一面，一个人想要做什么的时候，就找来有关的书籍、材料看一看，查一查。但是，大多时候书籍对人的影响不是立竿见影的，而是潜移默化的。

孩子们最珍贵的特点，就是他们强烈的好奇心，即他们对未知世界充满了认识的渴望。这个时候如果家长光考虑给孩子学点知识性的英语、奥数，或者某种技能，比如说学画画、弹琴等，就会容易忽略培养孩子的思维。

在教育界经常有这样一句话，与其给孩子一桶金子，不如给他一把钥匙。你若给他一桶金子，他可能马上会用完；你若给他一把打开知识宝库的钥匙，这将是终生受用不尽的。

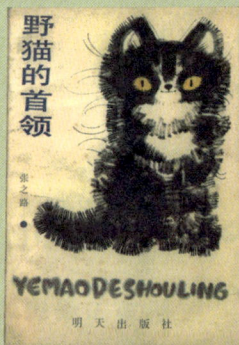

手迹解读

《野猫的首领》充分展现了著名儿童文学作家张之路的童话创作才华。作者选择在六一儿童节这天将此书送给儿童文学的一代宗师陈伯吹先生，非常用心。

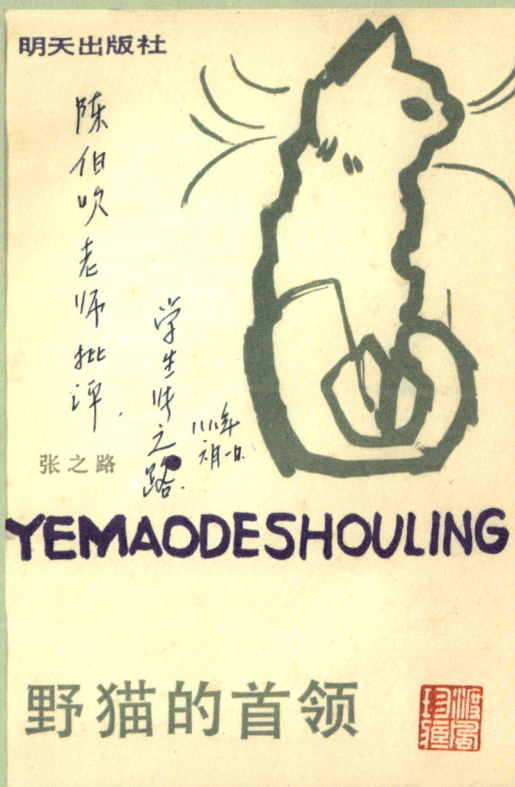

张之路 1988 年 6 月 1 日致陈伯吹签名本《野猫的首领》

祁念曾

Qí Niànzēng

人物简介

祁念曾，笔名祁星，1946年出生于河南洛阳，从小到陕西宝鸡生活，著名诗人、作家，资深报人。毕业于北京大学中文系。先后任宝鸡铲车厂新闻干事、宝鸡教育学院副教授。后到广东，先后任《惠州晚报》总编辑，《深圳商报》新闻研究室主任、高级编辑，《秦风》杂志社社长。

作品

出版作品有诗集《春天的歌》《人生之恋》《站立的河流》《诗与远方》，散文集《宝鸡漫游》《红烛之歌》等，传记文学《苏东坡的故事》，另有多部报告文学集。

选入语文课本篇目

四年级《延安，我把你追寻》。

祁念曾：
乡情深深壮胸怀

祁念曾自幼年到陕西宝鸡以后，一直到上大学前都没有离开过宝鸡，毕业后他又回到宝鸡工作了十二年。所以，在他心里宝鸡就是他的故乡，他常常挂在嘴边的一句话便是"我对宝鸡的感情特别深"。他热爱那里的一草一木，也热爱那里的父老乡亲。

据宝鸡新闻网记者黄河报道，新中国成立之初，幼年的祁念曾就跟着做买卖的父亲来到宝鸡定居，先后在神武路小学、渭滨中学读书。1960年考入在整个陕西都有名的长寿中学，而这里也成了他扭转命运的地方。

祁念曾很幸运，一到中学就碰到了恩师朱映兰。朱老师曾就读于重庆大学，做学问扎实严谨，语文课讲得有声有色、头头是道，使祁念曾对文学产生了浓厚的兴趣。

受到朱老师的影响，祁念曾发奋写习作、学古文，他的作文每次都会得到朱老师的好评，他还因成绩优异而被选为学校团支部书记、学生会主席。

1963年夏，祁念曾参加高考。可是就在这一年，他神往已久的北京大学中文系竟突然宣布，只在陕西招一名考生。全省这么多优秀学子，却只招一人，要考上简直是"蜀道之难，难于上青天"！

祁念曾当时就打算放弃，但朱老师一再劝他应全力争取一把！那段时间，他勤奋复习，废寝忘食，而朱老师在临考前时常会出些作文题让他"练手"。这些练习让他在高考作文考场上笔走龙蛇，文思泉涌，超常发挥。

一个月后，北京大学中文系的录取通知书来了。这个消息瞬间在这座西北小城引起不小的轰动。新中国成立十多年来，祁念曾是宝鸡首个考上北京大学的中学生。北京大学，那可是中国的最高学府！

当时的市委书记领着教育局局长，专程来他家送喜报，还批了50元钱奖学金。在当时，这可是一笔不小的数目！从宝鸡到北京的卧铺火车票才9元钱。

此年金秋，祁念曾顺利走进梦寐（mèi）以求的北大校门，将燕园里未名湖和博雅塔相互辉映的那片光影，张开双臂拥入怀抱。直到入校后他才听说，自己的高考作文得了满分。老师告诉他，以前全陕西每届就招一人，基本上都是省会西安的考生，只因为他作文满分，这才录取了他。

在北大求学时，祁念曾担任校刊记者，并于大四那年被派到著名的《红旗》杂志社做记者。

1968年祁念曾面临毕业分配，当时国家要求大学生响应"四个面向"的号召，即面向农村、边疆、工矿、基层去参加工作。他积极响应国家号召，1969 年回到宝鸡铲车厂，做起了普通钳工。

1973 年，祁念曾因文笔出众，被安排在该厂宣传部做专职新闻干事。宝鸡教育学院成立后，他又被调入该校并被破格升为副教授，负责讲授现代文学与写作课程。

宝鸡是祁念曾的"第二故乡"，他从这里崛起，并创造了这么多奇迹：

他是真正"学霸"——成为该市在新中国成立后首个考入北大的考生，高考作文得了满分；

他是传奇人物——曾是该市一名普通工人，被破格录用为大学副教授；

他是知名诗人——自宝鸡到延安，有感而发写了《延安，我把你追寻》，这首诗不但屡获大奖，还被收入小学语文教材二十多年……

作家祁念曾的人生故事，说明他是一个重感情的人。宝鸡是他的"第二故乡"。北京大学毕业以后，本可展翅翱翔的他，还是毫不犹豫地回到宝鸡，为建设宝鸡尽一份力。到深圳后，祁念曾也从未忘记故乡。他关心故乡的文化产业发展，提出"宝鸡也应该有自己的名作家，成为城市的文化名片！"的观点。他对宝鸡怀抱深情，他要回报宝鸡，为宝鸡做贡献。这种重情重义、知恩图报的高尚品质，值得我们学习。

我的感悟

祁念曾
名言
míng yán

心与时代合拍跳，笔为人民吐心声。

我们毫不犹豫丢掉了老牛破车，却不能丢掉宝塔山顶天立地的脊梁。

阅读拓展

收入小学四年级语文教材的名诗《延安，我把你追寻》，是祁念曾1991年在宝鸡工作期间跟随中央电视台《话说黄河》拍摄组一起参与采风走访，到达"革命圣地"延安以后，感慨万千，一鼓作气创作的一首富有革命精神的现代白话诗歌。它用生动、热切、对称、简练的语言，追寻了延河、枣园、南泥湾、杨家岭等革命旧址，抒发了追寻延安精神的迫切心情，极具艺术魅力和教育意义。

"心与时代合拍跳，笔为人民吐心声"是祁念曾诗歌的一大特色。这就恰似唐朝诗人白居易所说，"文章合为时而著，歌诗合为事而作"。中国文学，自古就有"以诗言志"的传统。祁念曾的诗歌，无不表达了他突出的社会责任感，无不唱出了时代的最强音，无不体现了我党与人民群众的血肉联系。当代人读起他的诗歌，定然会产生强烈的思想共鸣。

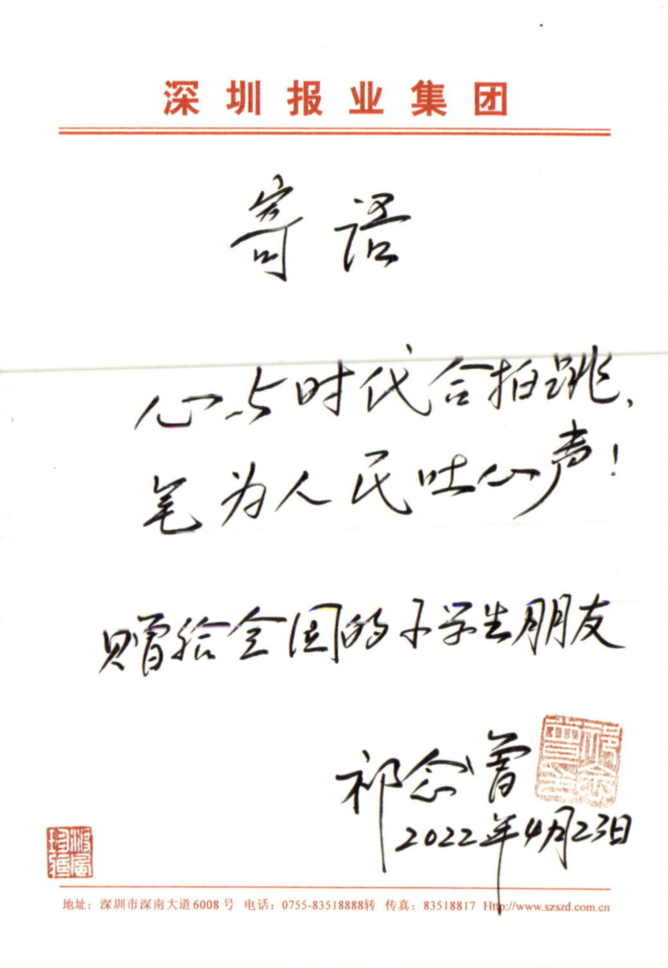

深 圳 报 业 集 团

寄语

心与时代合拍跳，
笔为人民吐心声！

赠给全国的小学生朋友

祁念曾
2022年4月23日

地址：深圳市深南大道 6008 号　电话：0755-83518888转　传真：83518817 Http://www.szszd.com.cn

当代诗人祁念曾先生写给小学生的寄语

Luómàn Luólán
罗曼·罗兰

人物简介

　　罗曼·罗兰（1866—1944），法国著名作家、音乐评论家、社会活动家。1889年毕业于巴黎高等师范学院，通过会考取得中学教师终身职位的资格，后入法国设于意大利的罗马考古学校攻读研究生。先后在巴黎高等师范学院和巴黎大学讲授艺术史。他一生为争取人类的自由、民主与光明进行了不屈的斗争，为人类进步事业做出了一定贡献。

作品　　1915年凭长篇巨著《约翰·克利斯朵夫》获诺贝尔文学奖，另有《名人传》三部（《贝多芬传》《米开朗基罗传》《托尔斯泰传》）等著作。

选入语文课本篇目

　　四年级下册第七单元开篇语，八年级下册第六单元自主阅读推荐《名人传》。

罗曼·罗兰：
平易近人的大文豪

　　法国文豪罗曼·罗兰，既擅（shàn）长文学又精通音乐。他的代表作长篇小说《约翰·克利斯朵夫》就是以贝多芬为原型创作的。他的小说极有个人风格，被人们称为"用音乐写小说"。

　　这位富有艺术修养的作家，其高尚的人品也为世人所称道。罗曼·罗兰是法国著名的人道主义作家。他反对霸权，反对独裁，反对战争，反对侵略。他把自己的诺贝尔文学奖奖金全部捐献给了法国及瑞士的国际慈善组织。对于日本帝国主义发动的侵华战争，罗曼·罗兰是愤怒的，他给中国人民提供了不少道义上的支持。

　　同泰戈尔、马克·吐温、托尔斯泰等外国作家一样，罗曼·罗兰也很喜欢中国的历史和文化。很多曾经在法国留学的中国大学生都与罗曼·罗兰有过接触，并得到过他的关照指导，如翻译家敬隐渔和傅雷、诗人与学者梁宗岱（dài）、散文家李又然、作家高长虹、音乐家张昊（hào）、西洋史专家阎（yán）宗临等人，以及下文中提到的汪德耀。这也体现了罗曼·罗兰平易近人与随和谦逊的一面。

　　我国著名细胞生物学家、厦门大学原校长汪德耀教授年轻时只身前往法国留学，与罗曼·罗兰曾有过一段很不寻常的交往，在中法友谊史上留下了感人的故事。

那是 1930 年 10 月，汪德耀来到罗曼·罗兰在瑞士日内瓦的寓所拜访。在汪德耀眼前，立着一幢简朴而清静的小楼。没过多久，一位身着西服的高个男子走出楼来。汪德耀立刻断定这就是自己仰慕已久的大文豪，于是快步迎上前去。他们虽然通信已有很长时间，却还是首次见面呢！

两人在楼下的小花园里走了走。这片花园跟主人的住房一样朴实无华，里面只有草木不见鲜花。当时六十四岁的罗曼·罗兰比二十七岁的汪德耀高出一头。他手拄拐杖，和汪德耀边走边聊，就像一位博学而和蔼（ǎi）的老者在给小朋友讲故事。

罗曼·罗兰用拐杖指着远处一座犹如戴了一顶白帽子的山峦说："那是阿尔卑斯山脉的主峰之一。当年法兰西第一帝国的皇帝拿破仑，就是带领部队从那里翻越过去的。"他接着说："拿破仑对东方文化很是崇拜。拿破仑曾提出'中国是一头沉睡的狮子！'"这让汪德耀心中的民族自豪之情油然而生。

当罗曼·罗兰听说汪德耀喜欢看雨果和托尔斯泰的作品时，有些神往地说："他俩都是伟大的文学巨匠，我受他们的影响很深。我在学生时代，曾给托尔斯泰写

过一封求教信。等了三个月不见他回信，还以为他看不起我这种小人物，差点失去信心。不料他竟热情地回信了！原来，他为了用法语给我回信，一边学一边查字典，居然用去了三个月时间！我被他的这种精神深深打动了，那时便立下誓言，如果我将来出名了，有青年给我写信，不管多忙，我一定抽时间给他回信！"说罢他扭过头来，朝着江德耀舒心地笑了。

罗曼·罗兰的这种精神也被汪德耀继承。在后来的教学工作中，汪德耀对学生也"有求必应，有信皆回"。他的学生都被他那胸怀宽阔、性格豪爽、待人真诚的精神所感动。有人采访汪德耀，问："您这种精神从何而来？"汪德耀笑着说："因素当然很多，不过，青年时代，影响最大的是罗曼·罗兰。"

一代文豪罗曼·罗兰对汪德耀等中国留学生是如此热情友善、平易随和，一方面是因为他本人道德高尚、修养很好，受到托尔斯泰等人的影响，对上进青年十分关心，在各方面都尽量帮助、鼓励他们；另一方面也是因为他敬仰中国这个历史悠久、文化灿烂的东方大国，他以人道主义精神给予中国人尊重和关切，有"世界良心"之誉。我们也要向他学习，学习他这样的好品质。

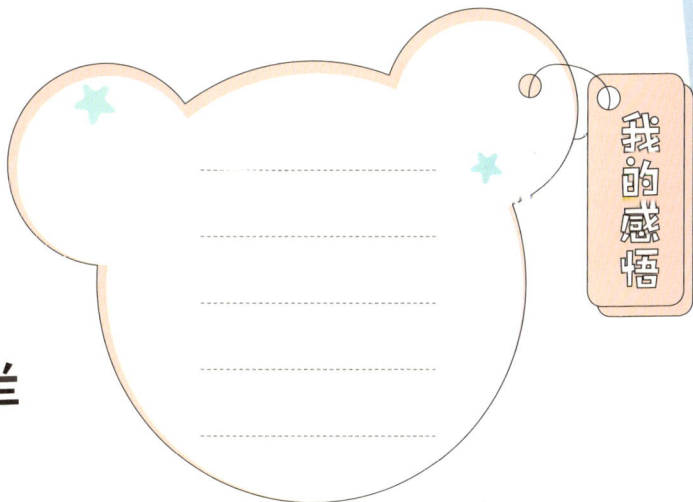

我的感悟

罗曼·罗兰
名言
ming yan

要撒播阳光到别人心中，总得自己心中有阳光。

应当仔细地观察，为的是理解；应当努力地理解，为的是行动。

> 没有伟大的品格，就没有伟大的人，甚至也没有伟大的艺术家、伟大的行动者。

阅读拓展

罗曼·罗兰创作了一系列文化名人传记，既为锻造自己，也为给苦难中的不知名的人们以安慰。

在那个物质生活富裕、精神生活相对贫乏的社会里，在那个世人躲避崇高而自甘平庸的时代中，《名人传》给予世人更多的也许是鞭策和警示，因为这些名人的生涯就像一面明镜，使世人的卑劣与渺小显露得淋漓尽致。

《名人传》非常好地印证了中国一句古训："古之立大事者，不惟有超世之才，亦必有坚忍不拔之志。"贝多芬的"在伤心隐忍中找栖身"，托尔斯泰的"我哭泣，我痛苦，我只是渴求真理"，米开朗基罗的"愈受苦愈使我喜欢"，无不表明伟大的人生就是一场无休无止的战斗。

罗曼·罗兰想要用这些名人的伟大精神来净化当时整个欧洲普遍存在的不良习气——即利己、自私的物质主义，以高尚情操拯救世人的渐趋堕（duò）落。

诺贝尔文学奖获得者罗曼·罗兰致沃尔夫教授的亲笔信一封，附信封

　　此信写于 1923 年 1 月 11 日。内容主要围绕罗曼·罗兰对其他作家的帮助而作。他在信中表示，尽管他对德国作家阿诺·霍尔茨的作品表示钦佩，但他无法进一步提供帮助，因为他已经在三位俄罗斯流亡作家高尔基、伊万·蒲宁和康斯坦丁·巴尔蒙特身上耗尽了资源。

11 Janvier 1923

Cher Monsieur

Je partage votre respect pour l'art et le
caractère de Arno Holz. Mais j'ai le
regret de vous dire que j'ai déjà disposé de
mon suffrage en faveur de trois grands
écrivains russes, qui ont dû quitter leur patrie,
et dont deux au moins souffrent de très
pénibles conditions matérielles : Gorki, Yvan
Bunin, et Constantin Balmont. Je suis
sollicité de bien des côtés ; et jamais on
n'aurait tant le désir de se partager
en dix, pour venir en aide à ceux qui

ont droit à notre dévouement, et qu'un
sort injuste poursuit. Il m'est particulièrement
fâcheux de ne pouvoir rendre hommage, avec
vous, au Maître du prestigieux "Phantasus".

Veuillez croire, cher Monsieur, à
ma haute et cordiale estime

Romain Rolland

Villeneuve (Suisse)

第三章

国家，是我们自信的源头

Xú Guāngyào
徐光耀

人物简介

　　徐光耀，笔名越风，1925年出生于河北雄县，著名作家、电影编剧。毕业于华北联合大学文学系、中央文学讲习所。曾任华北军区文化部文艺科、总政文化部创作室专业作家，河北省作协第三届名誉主席，河北省文联主席等职。

作品

　　著有长篇小说《平原烈火》，中篇小说及电影文学剧本《小兵张嘎》，短篇小说集《望日莲》，散文集《昨夜西风凋碧树》等。

选入语文课本篇目

五年级《摔跤》。

徐光耀：
十三岁的"小·八路"

　　年近百岁高龄的老作家徐光耀，早在少年时代就是个"小八路"，年纪轻轻便参加了抗日战争，所以，他的大多数文学作品，如《平原烈火》《小兵张嘎》《望日莲》《冷暖灾星》等，都是反映冀中白洋淀一带人民英勇抗战的事迹。

　　河北《共产党员》杂志记者高宏然曾当面采访过徐光耀，后来以《高天厚土不能忘》为题，讲述了徐光耀惊心动魄、感人至深的故事，我引用她讲述的几个徐老的小故事吧。

　　据徐光耀介绍，他的父亲早年在家乡的梆（bāng）子戏团打零工，为人正派、仗义执言。父亲深受戏剧舞台上那些侠肝义胆、精忠报国的英雄壮士的熏陶，所以经常给小光耀讲述"岳母刺字""杨门忠烈""三侠五义"等传奇故事。

　　十三岁那年，徐光耀所在的村子里来了一些八路军战士。这些小伙子，一进乡亲们的庭院，抓起木担就挑水，提起竹帚就扫地，勤快得很，出门、进门还都哼着小调，十分欢快、活泼的样子，令他感到挺有趣。

　　当中有个年仅十七岁的王姓小战士，只比徐光耀大四岁，他很快就跟小光耀成了好朋友，两人天天泡在一起，无话不谈。小王让小光耀看自己的枪杆，还带他哼歌儿，对他讲八路军里各种好玩的事情。

有一天，徐光耀向小王提出："咱俩干脆学那戏台上的桃园三结义，结拜为兄弟吧！"而那刘关张结义的桃园，即张飞的老家，就在他们河北，也属于保定。小王当即便爽快答应了。于是两人兴奋地并排跪地，相互叩拜，对天发誓，还说将来一定要"有福同享，有难同当"。

然而好景不长，才过了数日，这支八路军队伍就要出发转移了。当他们临走时，徐光耀去为小王送行。他一路跟了许久，边追边哭。

徐光耀很失落地走回家，边走边想，终于下定决心，对父亲说："我也要当八路。"父亲一开始并没答应，认为他太小了。他伤心了好几个日夜，茶饭不思。最终还是姐姐帮他说话："爹，您就让他去吧！在这兵荒马乱的年头，待在家里也是当亡国奴。八路军看起来很正气，跟了去闯荡闯荡，就是真出了岔子，为抗日，为精忠报国，名声也是香的。"

第二天，父亲就把儿子送到了驻扎在几十里外的一支八路军部队。徐光耀终于得偿所愿，成了一名年仅十三岁的"小八路"。他参军以后，一直在寻找自己的结义兄弟小王。听说，直到前些年才找到。

1938年冬，徐光耀刚参军不久。当时鬼子对冀中地区进行五路围攻，部队不停转移，他与家人长时间失去了联系。在无极县一个村子驻扎时，他还患了重感冒。

那天，别人都去出早操了，只剩徐光耀一人躺在炕上。房东大娘走进来，用手碰碰他的额头，滚烫！大娘急了，非让他去自己那屋不可，说那屋里有热炕，窗户也糊得严实，没有冷风刮人。

见徐光耀不好意思，执意不去，大娘竟哽咽起来："这么小的孩子就出来打鬼子，眼下还生了病，爹娘又不在身边，没人照料，咋行？"接着，大妈回屋取来两条厚棉被将他的身子盖严实，又抱来一堆干柴给他烧炕，端来一盆热水给他泡脚，熬了一碗山药粥强令他吃完。

这番情景，令徐光耀感动不已，热泪盈眶，一辈子都无法忘怀。

1942年春夏之交，鬼子实行大"扫荡"，冀中根据地被切割成了两千多个碎块，形势异常严峻。有一次，徐光耀为执行上级命令，去了另一个村子。没想到敌人却突然闯了进来，把他与另外几个年轻人都赶到了外面。敌人举着明晃晃的刺刀，紧挨着他们的脸和脖子，恶狠狠地逐个逼问谁是八路军。

当时人群中只有徐光耀一个外地人，乡亲们都知道他的身份，但没有一人供出他。要不是乡亲们冒死掩护，徐光耀可能早就牺牲了。

像这样的经历，还有不少呢！

当年抗日战争中的军民鱼水情和骨肉同胞谊，给徐光耀留下了深刻无比的记忆。而他的一生，都在用真诚、朴实的文字和坦荡、热忱的行为，去回报父老乡亲们。中国作家协会主席铁凝曾评价说："作为一位作家，他（徐光耀）是令人敬慕的。他的文学之根始终扎在生活的厚土中，因有深厚生活的丰富滋养，有取之不尽、用之不竭的写作源泉，他的作品读来特别有滋有味。他所亲历的抗日战争、解放战争、抗美援朝战争等，让他的笔墨与中华民族争取独立与自由的光辉历程紧紧联系在一起。"这段评价很准确，也很全面。

我的感悟

徐光耀名言
ming yán

我走上文学之路，是由于生活的刺激，加上对敌人的仇恨、对人民斗争精神的热爱。当然，对文学的兴趣起了重要作用。

我从小喜欢文学，喜欢读旧小说。参加革命之后，在房东家翻书，翻到一册国文中学课本，如获至宝，揣着课本去打游击，一边战斗一边读书，几乎能把上面的每篇文章都背下来。

真正要表现那个时代，用活灵活现的人物去感动人，还得靠小说这种艺术形式，它能让我在现实的基础上插上想象的翅膀。

阅读拓展

　　《小兵张嘎》是老作家徐光耀的代表作，问世至今已有六十余载，是被时光检验过的"红色经典"。据高宏然记者讲述，由于徐老当年也是"小八路"，很多人以为"嘎子"的原型就是他自己。但徐老坚决地回答道："我不是嘎子，小时候人们都叫我傻子。"

　　原来，早在徐光耀四岁那年，他母亲就不幸去世了。当时他啥事都不懂，也不会哭。大家便说，这真是个傻子。后来，"傻子""傻子"就被叫开了。

　　正因为徐光耀性子文静、实诚，所以他特别羡慕那些活泼好动、"嘎里嘎气"的孩子。当他开始从事文学创作时，也格外注意观察那些既调皮又聪慧的"嘎孩子"。

　　而在抗战时期，各根据地确实涌现出了不少既机灵又勇敢的少年。每当徐光耀听到他们的故事，就会马上记录下来。这些都为他后来塑造"嘎子"这个人物，打下了厚实的基础。

当代作家徐光耀先生的书法及签名书

Chén Huìyīng

陈慧瑛

人物简介

　　陈慧瑛，1946 年出生于新加坡，祖籍福建厦门，著名散文家、诗人，抗英民族英雄陈化成五世嫡（dí）孙。毕业于厦门大学中文系。历任厦门日报社文艺编辑、主任编辑，厦门市作家协会主席，厦门市文联副主席等职。

作品

　　著有作品集《无名的星》《一花一世界》《展翅的白鹭》《厦门人》《南方的曼陀林》《归来的啼鹃》《芳草天涯》《神奇的绿岛》《春水伊人寄相思》《有一种爱叫永远》《心若菩提》等。

选入语文课本篇目

五年级《梅花魂》。

陈慧瑛：
梅花的坚贞与气节

　　梅花傲雪凌霜、高洁无瑕，从古至今人们都将其作为自己内心的写照。南宋诗人谢枋（fāng）得的名句"天地寂寥山雨歇，几生修得到梅花？"写的就是一种对高尚情操的向往。

　　归侨女作家陈慧瑛，曾在她的文章中激情澎湃、文采飞扬地写道："我出生在太平洋和印度洋幽会的港口——美丽的'东方明珠'新加坡。我是海洋的女儿。赤道的艳阳、碧波、蕉风、椰雨，陪伴了我的童年，孕育了我热烈明媚的情思，也带给我淡淡的异国乡愁。""我回来了，只为了一把泥土，一把世世代代华夏祖先遗落的血脉骨殖，萌起了我回归的野性和冲动……""我是中国的女儿，我所有的爱与温情，都为祖国虔诚奉献；所有的悲欢离合，都与人民休戚相关。因此，我的每一部作品都是献给祖国的一瓣心香。因为祖国，因为故乡，我才有清丽的诗、绚烂的梦，才有妙笔生花、滔滔不绝的创作源泉！"

　　孩提时，母亲最先教给慧瑛的两个汉字，便是写在她手心中的"中国"。外祖父最先教给她的几首古诗，便是李白的"床前明月光，疑是地上霜。举头望明月，低头思故乡"和王维的"独在异乡为异客，每逢佳节倍思亲""春草明年绿，王孙归不归"等。

打开慧瑛那一部部浸透真情与热血的著作，其爱国爱乡爱民的思想贯穿始终。祖国的山川草木，故里的父老乡亲，改革开放以后的社会发展历程以及众多胆识过人的国际华商形象，无不在她笔下熠熠生辉。

慧瑛出生于一个典型的华侨世家，她的先祖陈化成将军，是第一次鸦片战争时期著名的抗英将领，是以身殉国的伟大的爱国民族英雄；学贯古今中西的外祖父，是东南亚知名的华侨领袖，曾不断捐款捐物支持祖国的抗日事业和家乡的教育与建设；父亲在新加坡文坛久负盛名，与当时侨居南洋的作家郁达夫和高云览、新闻界侨领洪丝丝和张楚琨（kūn）等，均为多年好友。

听外祖父说，有位清朝文化名人曾赠送其一幅《墨梅》图，外祖父视之为珍宝，平时谁也不得动它。可在慧瑛年少时远渡重洋归国前夕，外祖父却把这幅珍藏多年的《墨梅》图交给她，说："我们的根在中国。我送你回去，希望你学有所成，报效国家；希望你不论身处何种境遇，都要具备梅花的秉性。"

外祖父的《墨梅》图，及他关于梅花高洁情操的耳提面命，伴随慧瑛走过了青年时期千难万险的人生旅途，一直陪着她同甘苦共患难、同呼吸共命运！

20世纪80年代初，慧瑛迎来了人生的又一个春天。她像杜鹃，像春蚕，呕心沥血地创作，兢兢业业地工作，在工作和创作上实现了"双丰收"，不仅取得了丰硕成果，也获得了祖国给予的许多荣誉。

她的散文代表作之一《梅花魂》，是海外千万华裔（yì）的心声。外祖父平生最爱梅花，他说梅花是最有骨气节操的，不管如何被霜雪欺压，总是灿烂怒放、芳香十里，和华夏神州历代千秋的志士仁人一般，历尽无数磨难，也依然挺直脊梁。

慧瑛时刻不忘外祖父对她的谆（zhūn）谆教导和殷（yīn）殷嘱托，她以梅花的气节警醒自己必须忠于祖国，以梅花的坚贞鼓舞自己必须砥砺前行，践行着"梅魂—赤子魂—国魂"的深刻内涵。

松竹梅被称为"岁寒三友"，梅兰竹菊有"四君子"之雅称。这是以物喻人，赞誉人世间的高风亮节。陈慧瑛写《梅花魂》的出发点就是，对她远在异国他乡深怀乡愁不能归来的外祖父的深切思念。但在陈慧瑛内心深处，梅花精神就是我们伟大民族世世代代永不泯（mǐn）灭的芬芳品德，是全世界中华儿女薪火相传的爱国气节！歌颂梅花魂，正是在弘扬中华风采、炎黄正气！

我的感悟

陈慧瑛名言
mínɡ yán

一个中国人，无论在怎样的境遇里，总要有梅花的秉性才好。

这梅花，是我们中国最有名的花。旁的花，大抵是春暖才开花。她却不一样，愈是寒冷，愈是风欺雪压，花开得愈精神、愈秀气。她是最有品格、有灵魂、有骨气的。

几千年来，我们中华民族出了许多有气节的人物，他们不管历经多少磨难、不管受到怎样的欺凌，从来都是顶天立地，不肯低头折节。

1967 年，陈慧瑛以优异的成绩从厦门大学中文系毕业。之后，她被分配到太行（háng）山区当老师，不久又被下放到乡村当农民。漫漫六度春秋，她住的是破旧的黑窑（yáo）土炕，吃的是糠窝窝榆皮面。因为缺医少药，胃溃疡（kuì yáng）让她疼得直冒冷汗，彻夜难眠。在滴水成冰的日子里，她还要与男社员一起去开大寨田……

"我相信没有过不完的严冬。"陈慧瑛下定决心，在那艰难的年代里，仍要坚定地与祖国同在。

一个偶然机会，她欣喜地发现，早在新中国成立前，当地书商留下了整整一窑洞书：诸子百家、唐诗宋词、《资治通鉴》、《周易》……简直是浩如烟海，应有尽有。好心的老乡帮她搬来了一麻袋一麻袋的好书。就这样，她一部接一部地啃下了这些古典名著。"是深邃古老的中华传统文化，陪伴我度过了那段离群索居、寂寞困顿的艰难岁月，让我上了第二次人生大学！"她说。

在最艰辛的太行岁月，陈慧瑛从未放弃过自己的文学梦，写下了《古老的月亮》《太行妈妈》《人情》等一批优秀作品。

改革开放后，陈慧瑛在报社从事文艺副刊编辑工作 10 年，从事侨务工作 20 年。几十年间，她在繁忙的工作之余，在努力做好本职工作的前提下，利用点点滴滴的业余时间，继续从事文学创作，先后创作并出版了 850 万字共 30 部著作，获得了很多国家级大奖。

陈慧瑛1983年5月19日致阿红书信一封，附信封

手迹解读

　　陈慧瑛与阿红同为诗人及编辑，有着相同的工作。在信中，陈慧瑛向阿红回复了作品的进度并介绍了自己的近况。

阿红同志：

您好！

大札，信夜均拜会，很高兴！

大作当即编好送审发表。

我后天（21日）应邀去庐山参加"中国马列研，究会年表年会"，本月中旬前回厦。

大作伪批示，一定会快见报。请放心。谢谢您的惠稿支持。

行前诸事繁多，匆，此简此。望望信谅解。余后即再谈。

握手！

　　　　　　　　阿建华
　　　　　　　　83. 5. 19.

马克·吐温

Mǎkè Tǔwēn

人物简介

马克·吐温（1835—1910），原名萨缪（miù）尔·兰亨·克莱门斯，美国著名作家、演说家，批判现实主义文学奠基人与讽刺文学大师。生于美国密苏里州佛罗里达一个乡村贫穷律师家庭。年少时父亲去世，他只好停学到工厂当小工，后做过领航员、矿工及新闻记者等。

作品

代表作有小说《百万英镑》《竞选州长》《败坏了赫德莱堡的人》《哈克贝利·费恩历险记》《汤姆·索亚历险记》等。

选入语文课本篇目

五年级《威尼斯的小艇》，六年级《汤姆·索亚历险记》（节选），八年级《登勃朗峰》。

马克·吐温：一位对中国很友好的伟大作家

由于从小经历苦难、人生曲折，马克·吐温成了一位富有爱心、同情弱者的伟大作家。他坚决支持当时还在旧社会中挣扎的中国和中国人，他对中国有着真诚、朴实而高尚的情感。

美国斯坦福大学教授谢莉·费希尔·菲什金曾经提到，马克·吐温因为一些社会批判言行，遭到美国少数民众的谩骂，以为他"胳膊肘往外拐"，只会帮助外国人。但他对中国人及在美华人的同情，使得他在中国很受欢迎。

从1868年到1878年，马克·吐温逐渐认识到种族歧（qí）视的错误和罪恶，同时基于对美国经济扩张的考虑，转而态度鲜明地支持中国民工，要求给予他们与美国公民同等的合法权利。

有一年，在加利福尼亚州，美国老板竟指使一群爱尔兰民工用石头砸死一个中国民工，酿成人间悲剧。富有道义的马克·吐温立刻拍案而起，顶着巨大压力，为维护华人正当权益而大声疾呼。

之后，他又创作了许多小说、特写、随笔、述评等，继续披露华人在美国受到严重侵害的可耻行为。他强烈声讨美国当局公然煽动社会反华思潮的罪行。在《中国人约翰在纽约》中，他批判美国对华人的不文明与不人道的行为。在《哥尔斯密的朋友再度出洋》中，他又控诉了"人人平等"的美国对华工的迫害。

1895年10月，澳大利亚班迪戈突发一桩事关华人的暴行。一位独居的华人遭暴徒行刺，好在被邻居发现急送医院，这才保住性命。马克·吐温知晓此事后，不但十分悲愤地痛斥暴徒的罪恶之举，还立即赶往医院看望、慰问这位受伤的华人。

对中国国内的反帝爱国运动，马克·吐温也非常关心，坚决予以支持。1900年8月12日，马克·吐温在给朋友的一封信函中，明确而坚决地表示："现在全中国都站起来了，我的同情完全在中国人民方面。欧洲的匪徒们曾经欺凌他们多年，我希望他们能把外国人都轰走，永远不让他们再回去。"

1900年11月，在美国公众教育协会年会上，马克·吐温公开发表演讲，激动地表示："我是一个反帝国主义者，不赞成兀（wù）鹰把爪子伸到任何国家去。""为什么不让中国人自由地处理自己的事务呢？事情都是外国人闹出来的，只要他们能滚出去，那是多么大的好事！"

马克·吐温就像他小说里的人物哈克贝利·费恩一样，跟随他的是"健康的内心"，而不是"被扭曲的道德观"。他敢于挺身而出，指责美国的种族歧视，以及对外的强硬干涉。

在小说《苦行记》里，马克·吐温有一段专门描述中国人的文字："他们是一个无害的民族，他们安静、温和、温顺，而且从不酗（xù）酒。他们一天到晚辛勤劳作。不守规矩的中国人很少见，懒惰的中国人不存在。中国人用自己双手的力量养活自己，从来不依靠别人。而白人经常抱怨找不到工作，中国人从不抱怨，他们总是想尽办法去找一些活干。"

马克·吐温认为，温和且友好的中国人，如果在美国受到善意对待，定会成为他们的朋友。而且，中国民工勤劳、节俭且廉价，能为美国经济发展提供重要支柱。

由于马克·吐温多次在大庭广众中不遗余力、不计报酬、不顾安危地帮中国和中国人说话，因此得到广大中国读者和知识分子由衷的敬佩。鲁迅先生也曾撰文给予他高度评价。

马克·吐温的所言、所行与所写，不仅仅表现出他对中国和中国人的同情、支持与尊重，也说明他是一个具有良知与善心、富有人道主义精神的作家。他提倡民主、平等、和平、正义，反对一切种族歧视与侵略行径。在当今错综复杂和不断变化的国际形势下，他对种族关系以及对国家和世界的理解，也越来越被大家所重视、认同。

我的感悟

马克·吐温
名言
míng yán

友谊是如此圣洁的一种激情，是如此甜蜜、牢固和忠诚。

同样是说话，同样是阐（chǎn）述自己思想，有人惹来一身麻烦，有人却赢得阵阵掌声，这就是表达的哲学。

每天务必做一点你所不愿意做的事情。这是一条最宝贵的准则，它可以使你养成认真尽责而不以为苦的习惯。

阅读拓展

马克·吐温是美国著名作家萨缪尔·兰亨·克莱门最常使用的笔名。一般认为，这个笔名源自他早年做水手时常念叨的术语。萨缪尔曾当过领航员，与他的同事在测量水深时，同事老叫着"Mark twain"，意思是"两个标记"，即水深两英寻（约3.7米），这是轮船安全航行的必要条件。

另有一个说法。萨缪尔的船长塞勒斯，曾经是位德高望重的领航员，不时为报纸写些介绍密西西比河历史的文章，笔名就是"马克·吐温"。1858年，塞勒斯发表了一篇预测新奥尔良市将被水淹没的文章。调皮的萨缪尔决定拿他开个玩笑，就模仿他的笔调写了篇非常尖刻的讽刺小品。谁知此文竟深深刺痛了老船长的心，他从此辍笔，"马克·吐温"这个笔名也就在报纸上销声匿迹了。

四年后，当上记者的萨缪尔得知塞勒斯已去世，他为自己昔日的恶作剧深感内疚，决心弥补这一过失，于是继承了"马克·吐温"这个笔名，并正式开始他的文学生涯。

还有一说。萨缪尔在美国西部地区流浪时，常去酒店买两杯酒，要求店家于账单上写"两个标记"，笔名亦由此而来。

Dear Mr. Walker:

Won't you name time & place & let me come to you? Any hour will suit me. This is the only place I am acquainted with, & I see you are not a member. Won't your office do?

Sincerely Yours

S.L. Clemens

马克·吐温致出版商沃克先生有关与其约见事宜的亲笔信一封

手迹解读

这是一封写在 The Players 俱乐部抬头定制的信纸上的信，马克·吐温是纽约这家绅士俱乐部的创始成员。

"亲爱的沃克先生：你不说出时间和地点，让我来找你吗？任何时间都适合我。这是我唯一认识的地方，我看你不是会员（The Players 俱乐部）。你的办公室不行吗？您真诚的马克·吐温。"

马克·吐温和家人于1891年移居欧洲，并于1891年至1900年间周游世界。他们于1900年返回美国，住在纽约市，直到1903年前往意大利。这封信写于1888年至1891年或1900年至1903年之间。

收信人约翰·布里斯本·沃克（John Brisben Walker，1847—1931）是美国的杂志出版商和汽车企业家，*Cosmopolitan* 杂志的所有者。*Cosmopolitan* 创办于1886年，是全球著名的主要针对女性读者的时尚类杂志。

后记

　　我从小就喜欢读书，尤其是故事类的书。我从故事中学到了努力和坚持，是书里的故事照亮了我前行的路。

　　上初中的时候，我开始在《语文报》《初中生》《作文通讯》等报刊发表作品，也曾给我崇敬的作家冰心、臧克家等前辈写信。令我惊喜的是，我竟然收到了部分作家的亲笔回信，那种喜悦不言而喻，被看见、被肯定的感觉就像我求学路上的光，给了我前行的无穷力量，让我与阅读、写作结下了不解之缘。

　　也正是这束光，让我意识到名人、名家的鼓励对成长中的孩子是多么重要。参加工作后，我一直通过各种渠道如文学界前辈、师友、名家后人、国内外各大拍卖公司、知名画廊等，收集各类名家的亲笔信、题词、书法、手稿……为提高鉴定水平，我在十多年前就报读了清华大学艺术品投资与鉴赏高研班，与国内顶尖的鉴定专家、学者，以及收藏界大咖一起辨伪识真。后来，我还考取了"艺术品鉴定估价师"证书。

经过20多年的执着与努力，我花费了大量时间和精力，通过购买、师友赠送等方式收藏了上千件国内外名人的手迹，尤其是小学、初中、高中阶段语文教材里课文作者的亲笔信。

我儿子读小学二年级的时候，有次上语文课，他学了叶圣陶先生的课文。我就给他讲叶圣陶先生的故事，还拿出我收藏的一封叶老写的亲笔信给他看。他特别惊讶，看了后又特别喜欢。他开始研究信的内容，还评价叶老的字，后来居然要我帮他买更多叶老的书。我问他为什么，他一本正经地回答："好奇。"

我感觉这能激发他阅读的兴趣，对他学语文很有帮助，就找出其他课文作者的亲笔信或签名书给他看，还给他讲这些作者的故事。就这样，他的语文成绩提升很快，还在《语文报》《小学生导刊》等报刊上发表了作文。因为阅读理解及语言表达能力强，他在数学、英语等科目上也毫无压力，连年被学校评为"三好学生"，还被市教育局评为"书香少年"。

有一天，他突然跟我说："爸爸，你也是作家，为什么不把这些故事写出来，给全国的同学们看呢？一定要把你收藏的那些名人手迹印上去，那才是最有趣的宝贝，他们肯定会像我一样喜欢。"

就这样，我开始编写这套书。每篇稿件出来，我都让儿子当第一读者。他认为不好或者看不懂的，我就修改甚至重写，我太太也全力支持。可以说，这套书能出版，首先要感谢的就是我儿子和太太。编写这样一套书，难度不小，我参考了市场上诸多名人故事书的优点并策划了新的框架，力求在内容的选择、编排及手迹和解读上具有独创性，目的是讲好语文教材里课文作者的故事，以便学生同步阅读。

梁启超曾说："读名人传记，最能激发人志气，且于应事接物之智慧，增长不少。"好的名人故事，对孩子的影响是一辈子的。阅读名人故事，不仅能帮助孩子塑造性格、树立远大志向，还能培养他们独立思考、敢于创新等综合素养。名人故事就像一颗美好的种子，它会自然播撒进孩子们的心田。

统编版语文课本是教育部组织编写的教材，全国通用。我从这里选取作者，讲他们的故事，并配发他们的手迹。在出版前的校园调研中，同学们尤其喜欢这套书里影印的名人手迹。这些手迹像一座座刚被"解封"的宝库，梁启超、茅盾、巴金、老舍、冰心、沈从文、汪曾祺、托尔斯泰、马克·吐温、雨果、罗曼·罗兰等人当年写的亲笔信，深深地吸引了同学们的目光。我希望这套书能成为同学们的私人纸上博物馆。这些泛黄的信笺、纸片、题词、签名书等，有着强烈的时代感和丰富的人文信息，它们影印在书里，孩子们可以近距离、尽情地探索它们的"奥秘"。

本书的故事，大都是根据浩瀚的材料再创作而成，除个别特殊情况以外，我已与大部分课文作者本人或其家属进行了交流，配发的书信也按出版规定获得了授权。另外，本书在编写中参阅了大量的文献资料，在此对这些文献资料的作者一并表示感谢。其中个别故事我还引用了较多的内容，苦于联系不上原作者，只能深表歉意，如果您见到本书，敬请及时联系我，以便赠送样书等。

我要感谢入选本书的各位课文作者或其家属的大力支持，在审稿过程中他们还告诉我稿件里许多引用的故事是错误的，让我修改。这使我有效规避了一些书籍或网上描述的那些虚假的内容。感谢语文报社总编辑任彦钧、巴金故居常务副馆长周立民、中国人民大学家书博物馆副馆长张丁三位兄长给了我最早的鼓励，感谢朱永新老师在百忙中为本书作序，感谢李岩、李勇钢、杨晖、路云、郭海峰、吴亚西、凌平、肖飞、史博鹏、王国胜、陈名春、胡斌、毛梦溪、祝合良、易彬、周兴、吕春花、朱艳红、张迎娟、王鸽华、任海龙、李凡、李海民、刘小玲等好友在我写作、出版过程中给予的帮助，感谢诸多帮我写推荐语及联系课文作者的师友……是你们让我感受到了这个世界特别温暖。

如果小学语文教师认为这套书值得推荐给学生阅读，欢迎写推荐语（60字以上）发给我，请同时附上您的照片、简介及联系方式，我们会积极联系在相关媒体或公众号上刊发。而我编著的初中语文课文作者故事也已完稿，书名待定，收录了杨振宁、贺敬之、余光中、舒婷、高尔基、屠格涅夫、儒勒·凡尔纳、莫泊桑、海伦·凯勒等课文作者的故事与手迹，预计也会很快出版。它不但适合初中生阅读，同样也适合小学高年级学生阅读。由于本人才疏学浅，书里肯定有诸多不足之处，请大家多多批评指正。

陈渡风

致谢专页

2022 年 8 月，湖南文艺出版社、语文报社联合发出"青少年阅读守护人招募令"，组织全国近 800 位优秀小学老师、教研员以及语文出版工作者，对《哦，他们是这样的》丛书开展了一次印前审读活动。

这次审读活动，充分展示出老师们的专业素养，是一次对传道授业解惑精神的诠释，也是一次令人肃然起敬的爱的传递。从一个个注音、一个个字词的斟酌，到文献来源的复核、文字表达的修正，再到插图和图片的甄选，老师们一丝不苟；他们与我联系时写下的大段文字里，满满的都是对孩子们的关注与关心——这份对下一代成长、成才的爱和期望，让我十分感动和敬佩，也大大增强了我对自己这套作品的信心和责任感。

可以说，这套书是所有参与者智慧的结晶，特向以下参与本册审读的老师致谢，我会珍惜和老师们这一来之不易的缘分，与你们共同守护青少年的阅读和成长。

北京

王　超	王明超	王娟娟	张　波	张映霞	王金香	侯老师
闫　蕾	张莹莹					

河北

王　超	李旭辉	张小胜	高智商	赵天亮	贾江海	贾文平
杨玥明						

山西

孙　鑫	张丽丽	王　娜	赵　静	师国俊	王　卿	梁　涛
李　琴	闫　安	郭　佳	杨　花	景红丽	吴海燕	王丽娟
史　超						

内蒙古

闫晓枞	李　茹

黑龙江

宋　歌

上海

颜晓燕	李　芳

江苏

一　民	雷晓娟	张　盈	邹文荟	陈　佳	张　悦	何小红
李东方	唐　莹	陈　琳				

浙江

钟烨桦	王怡忱	蔡亚平	盘　锋	孙国娣	陈小青	孔佳平
俞奇娜	倪丽芳	王家阳	赵斯琪	薛　媛	杨杏玲	

福建

魏　桦	李波玲	张彩宏

江西

李　想	王颖琦	吁　婷	文娓娓

山东

| 刘国巾 | 宁爱东 | 卢叶红 | 陈凤荣 | 任小明 | 张 苏 | 王继红 |
| 王淑芝 | 成 燕 | 张 艳 | 王召静 | 丁 扬 | 王 凌 | |

河南

| 冯晓勇 | 王林浩 |

湖北

| 胡 丹 | 李 艳 | 罗 婧 | 郭 星 | 盛 行 | 董尚元 | 杨 燕 |

湖南

张桂平	王小芳	谢丝梅	李莉姣	谢求弟	吴晓婷	谢姣娣
彭 琳	谭槐峰	向玉竹	陈 琛	黄海英	胡 畅	欧阳英
李 芬	史高进	黄梦娟	陈 杨	苏月凤	熊京广	胡婷婷
刘 彦	杨 香	周 浪	陈文谦	许叶梅	邓小青	刘 幸
罗 佩	刘 丹	万 芳	周佩君	任 婷	殷雨妍	宋美洁
刘 爽	陈派琪	姚 芬	郭 薇	陈瑶琪	金 媛	胡鸣涛
蔡 雪	席 靖	毛滢芳	刘 靖	王 幸	唐芬芳	易宏辉
王春萍	曾 玲	闫书溟	刘静娴	冯雅丁	刘 梅	吴莉莉
肖雅菲	周 晶	李金龙	罗 琳	李金玲	蒋美玲	胡 飘
李孟金	张 茵	周 敏	唐 扬	周 焱	杨 灿	许 瑶
包玉珍	杨可欣	王 盼				

广东

| 廖玉琴 | 李后见 | 刘文东 | 王雪婷 | 方雪静 | 叶思思 | 林蕊如 |
| 李 茜 | 尹庆华 | 张品丽 | 钟翠苹 | 魏裕盛 | 翟嘉欣 | |

广西

| 周 慧 |

重庆

| 王小双 | 尹定宇 |

四川

唐 龙　李云霞

贵州

孙 飞

云南

赵 露　乐虹芹　陈 霞　张 怡　孙 鑫

陕西

郭雪梅　师 维　赵红梅

甘肃

马昭瑜

青海

胡玉惠

新疆

何立娟　郑全胜　孟 进　郭 芳　王 健　王 方　秦慧慧

王昭月　李文静

（上述名单按省市随机排名，不分先后）

本次活动由语文报社《语文教学通讯》C 刊编辑部承办，感谢主编贾文浒老师及团队的付出。同时感谢《跟着课本去旅行》栏目组、《超级语文课》栏目组对木次活动的宣传推广。

陈渡风

《哦，他们是这样的》目录索引

  《哦，他们是这样的》目标读者是 3—6 年级的学生。第一册、第二册主要讲述 3—4 年级的课文作者故事；第三册、第四册主要讲述 5—6 年级的课文作者故事。为了便于同学们同步阅读，特编制本目录索引。

  入选三年级语文教材的篇目、作者故事对应《哦，他们是这样的》各册

《父亲、树林和鸟》 牛汉 见第二册089页

《燕子》 郑振铎 见第二册042页

《荷花》 叶圣陶 见第一册074页

《昆虫备忘录》 汪曾祺 见第一册102页

《蜜蜂》 法布尔 见第二册032页

《剃头大师》 秦文君 见第一册039页

《肥皂泡》 冰心 见第一册013页

《慢性子裁缝和急性子顾客》 周锐 见第二册024页

入选四年级语文教材的篇目、作者故事刘应《哦，他们是这样的》各册

《走月亮》 吴然 见第一册022页

《繁星》 巴金 见第二册052页

《一个豆荚里的五粒豆》 安徒生 见第一册003页

《爬山虎的脚》 叶圣陶 见第一册074页

《蟋蟀的住宅》 法布尔 见第二册032页

《一只窝囊的大老虎》 叶至善 见第二册015页

《陀螺》 高洪波 见第一册048页

《为中华之崛起而读书》 余心言 见第二册071页

《延安，我把你追寻》 祁念曾 见第三册089页

《天窗》 茅盾 见第三册011页

《三月桃花水》 刘湛秋 见第二册104页

《短诗三首》 冰心 见第一册013页

《绿》 艾青 见第三册 042 页

《猫》 老舍 见第三册 050 页

《母鸡》 老舍 见第三册 050 页

《白鹅》 丰子恺 见第二册 113 页

《海上日出》 巴金 见第二册 052 页

《记金华的双龙洞》 叶圣陶 见第一册 074 页

《颐和园》 袁鹰 见第三册 027 页

《小英雄雨来》（节选） 管桦 见第二册 061 页

《芦花鞋》 曹文轩 见第二册 097 页

四年级下册第七单元开篇语 罗曼·罗兰 见第三册 096 页

《"诺曼底号"遇难记》 雨果 见第二册 003 页

《海的女儿》 安徒生 见第一册 003 页

入选五年级语文教材的篇目、作者故事对应《哦，他们是这样的》各册

《白鹭》 郭沫若 见第三册 003 页

《珍珠鸟》 冯骥才 见第三册 059 页

《少年中国说》（节选） 梁启超 见第四册 003 页

《小岛》 陆颖墨 见第三册 035 页

《慈母情深》 梁晓声 见第三册 019 页

《父爱之舟》 吴冠中 见第四册 082 页

《鸟的天堂》 巴金 见第二册 052 页

《月迹》 贾平凹 见第三册 067 页

入选六年级语文教材的篇目、作者故事对应《哦，他们是这样的》各册

特别说明

1. 因为低年级同学课外阅读主要是绘本、图画书，故我主要选取 3—6 年级的课文作者写他们的故事，但为了有效衔接，我们也讲述了 1—2 年级的课文作者樊发稼、叶圣陶、金波、张秋生、陈伯吹、高洪波的故事，排在第一册（其中部分作者也有作品收录在其他年级的课文中）。

2. 本目录索引大都是根据最新统编版小学语文教科书出现的课文先后排序。我还写了其他的课文作者故事，可惜一直没有联系上课文作者（或其家属），由于没有获得确认或授权，不能在本次出版，非常遗憾。如果有朋友有其联系方式欢迎提供给我，也欢迎课文作者（或其家属）联系我，以便不断丰富这套书的内容，谢谢。

特别任务单

1. **思考**。请你根据整本书或者书中某个故事写一篇读后感，要求字数在 200 字以上。

2. **参观**。去一个名人故居或纪念馆参观，了解其故事，为你所了解的名人写一个小传记，或写一写你所了解的名人逸事。

3. **拜访**。如果有条件，你可以去拜访一位课文作者或你当地的作家，了解他们的写作故事，写下来，分享给我。

4. **探秘**。每册书中有 1—2 篇故事，对你而言是有一定难度的。如果你读不懂，你可以通过查字典、搜索人物介绍、向老师或家长请教等方式去弄懂。书里很多手迹的解读也写得较为简单（类似博物馆里的解读），如果某一页手迹你看不懂，你可以想办法去探索，也可以什么也不做，把书留到初中再读（很多小学语文的课文作者也是初中课文作者，我在作者简介一页里已经列出），可能有新的收获哦。写下你的"探秘"故事，分享给我吧！

以上任务，任选其一，鼓励多选。凡是完成任意一项任务的同学，请把作品及联系方式发到我的邮箱：chendufeng001@163.com。我会把优秀的作品推荐到相关媒体或公众号上发表。

陈渡风